Workbook/Lab Manual

Salve!

Quaderno degli esercizi

Carla Larese Riga
Santa Clara University

HEINLE
CENGAGE Learning™

Australia • Brazil • Japan • Korea • Mexico • Singapore • Spain • United Kingdom • United States

HEINLE
CENGAGE Learning™

© 2009 Heinle, Cengage Learning

ALL RIGHTS RESERVED. No part of this work covered by the copyright herein may be reproduced, transmitted, stored, or used in any form or by any means graphic, electronic, or mechanical, including but not limited to photocopying, recording, scanning, digitizing, taping, Web distribution, information networks, or information storage and retrieval systems, except as permitted under Section 107 or 108 of the 1976 United States Copyright Act, without the prior written permission of the publisher.

For product information and technology assistance, contact us at
Cengage Learning Customer & Sales Support, 1–800–354–9706
For permission to use material from this text or product, submit all requests online at **cengage.com/permissions**
Further permissions questions can be e-mailed to **permissionrequest@cengage.com**

Student Edition
ISBN-13: 978–1–4130–1526–3
ISBN-10:   1–4130–1526–3

Heinle
25 Thomson Place
Boston, MA 02210
USA

Cengage Learning is a leading provider of customized learning solutions with office locations around the globe, including Singapore, the United Kingdom, Australia, Mexico, Brazil, and Japan. Locate your local office at: **international.cengage.com/region**

Cengage Learning products are represented in Canada by Nelson Education, Ltd.

For your course and learning solutions, visit **acacademic.cengage.com**

Purchase any of our products at your local college store or at our preferred online store **www.ichapters.com**

Printed in the United States of America
4 5 6 7 11 10

Table of Contents

La città 1

Parole da ricordare: La città

A. Dov'è a Milano? Match the things and people listed in column A with their correct location. Select your responses from column B.

A

1. _____ una giraffa
2. _____ una bicicletta
3. _____ un cappuccino
4. _____ un turista
5. _____ un dottore
6. _____ un'opera
7. _____ un monumento
8. _____ una studentessa
9. _____ un treno
10. _____ un menù

B

a. un ristorante
b. una strada
c. una scuola
d. una piazza
e. una stazione
f. uno zoo
g. un bar
h. un ufficio informazioni
i. un teatro
j. un ospedale

B. Che cosa c'è a Verona? Identify the following objects.

Esempio

_____ treno _____

1. _____

2. _____

3. _____

4. _____

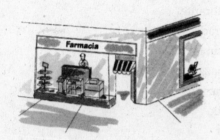

5. _____

6. _____

7. _____

8. _____

9. _____

10. _____

La grammatica

1 *Essere* (To be); *c'è, ci sono* e *Ecco!*

Pratica

A. Chi sono e dove sono? Complete with the correct form of **essere**.

1. Lisa ———————————————— a Firenze.

2. Noi ———————————————— in Italia.

3. Voi ———————————————— studenti.

4. Pio e Gino ———————————————— in classe.

5. Io ———————————————— professore.

6. Tu ———————————————— studentessa.

B. Molte domande. Change each statement into a question.

1. Firenze è una città.

    ——

2. Pio e Luigi sono in classe.

    ——

3. Tu e Lia siete a scuola.

    ——

4. Firenze è in Italia.

    ——

5. Tu sei professore.

    ——

C. No, non è vero! Answer each question in the negative.

 Esempio   È con una ragazza Marcello?
    No, Marcello non è con una ragazza.

1. È dottore Luca?

    ——

2. Siete a Firenze voi?

    ——

3. Sei in classe tu oggi?

    ——

4. Siamo amici di Lia noi?

    ——

5. Siete di Milano tu e Lisa?

    ——

6. Sono in Italia loro?

D. In centro. Rewrite each sentence using **Ecco.**

> *Esempio*   C'è un signore.
> *Ecco un signore!*

1. C'è un'autostrada. _____
2. C'è un museo. _____
3. C'è un autobus. _____
4. C'è un tram. _____
5. C'è una piazza. _____
6. C'è uno studio. _____
7. C'è una stazione. _____

E. Cosa c'è ? Complete each sentence with **c'è** or **ci sono** in the negative.

1. _____ la metropolitana a Firenze.
2. _____ automobili in centro.
3. _____ fiori in giardino.
4. _____ lezione oggi.
5. _____ treni in città.
6. _____ studenti in classe.
7. _____ una fontana in piazza.

Comprensione

CD1, TRACK 2

A. Dove sono gli studenti? Listen to the model sentence. Then form a new sentence by substituting the noun or pronoun given as a cue. Repeat the response after the speaker.

> *Esempio*   Maria è in classe. (io)
> *Io sono in classe.*

1. _____   4. _____
2. _____   5. _____
3. _____   6. _____

CD1, TRACK 3

B. Formare domande. Change each statement you hear into a question, as in the example. Then repeat the response after the speaker.

> *Esempio*   Marco è professore.
> *È professore Marco?*

1. _____   4. _____
2. _____   5. _____
3. _____

CD1, TRACK 4

C. Rispondere con una frase negativa. Answer each question in the negative. Then repeat the response after the speaker.

Esempio   Sono in classe Marisa e Gina? *No, Marisa e Gina non sono in classe.*

1. _____

2. _____

3. _____

4. _____

5. _____

CD1, TRACK 5

D. Nella città di Belluno. You are moving to the small Italian town of Belluno and want to confirm that it has the following essential places and services. Ask questions with **C'è** or **Ci sono**, according to the cue. Then repeat the response after the speaker.

Esempio   un cinema *C'è un cinema?* autobus *Ci sono autobus?*

1. _____   4. _____

2. _____   5. _____

3. _____   6. _____

2 Il nome

Pratica

A. Più di uno. Change each noun from singular to plural.

1. scuola _____   7. banca _____

2. professore _____   8. ufficio _____

3. lezione _____   9. bar _____

4. libro _____   10. caffè _____

5. signora _____   11. città _____

6. amica _____   12. autobus _____

Comprensione

CD1, TRACK 6

Non uno, ma due! Answer each question in the negative, as in the example. Then repeat the response after the speaker.

Esempio   È un bambino?
            No, sono due bambini.

1. _____   5. _____

2. _____   6. _____

3. _____   7. _____

4. _____   8. _____

3 Gli articoli

Pratica

A. L'articolo indeterminativo. Supply the indefinite article of each noun.

1. _____ città
2. _____ amico
3. _____ studente
4. _____ libro
5. _____ professore

6. _____ amica
7. _____ università
8. _____ zoo
9. _____ studio

B. L'articolo determinativo. Supply the appropriate forms of the definite article.

1. _____ ragazzo e _____ ragazza
2. _____ signore e _____ signora
3. _____ studio e _____ studente
4. _____ numero e _____ zero
5. _____ giardino e _____ albero
6. _____ cittá e _____ stato

C. Dove sono? Complete each sentence, using the definite article and the noun in the plural form.

Esempio   (bambina) _____ sono a casa.
               Le bambine sono a casa.

1. (ragazzo) _____ sono a scuola.
2. (studente) _____ sono in classe.
3. (automobile) _____ sono in garage.
4. (professore) _____ sono in ufficio.
5. (banca) _____ sono in centro.
6. (negozio) _____ sono in via Mazzini.
7. (chiesa) _____ sono in periferia *(outskirts)*.
8. (amica) _____ sono in giardino.

D. L'articolo con i titoli. Complete each sentence, using the title in parentheses and the definite article if appropriate.

1. (professore) Dov'è _____ Sapienza?
2. (professoressa) Come sta _____ Guzzi?
3. (signori) Sono a casa _____ Catalano?
4. (signora) C'è _____ Ponti?
5. (dottore) È in ufficio _____ Penicillina?

1. Marco abita a _____ .

2. Venezia è una città molto _____ .

3. Non c'è un parco ma ci sono molte belle _____ .

4. Il teatro famoso di Venezia è _____ .

5. Non ci sono molte _____ .

6. Ci sono molti ponti e una _____ .

Domanda personale

Desideri visitare Venezia? Perché?

_____

_____

Adesso scriviamo!

A. Dove abiti? Describe in an e-mail to a new Italian acquaintance the city where you live. Follow the steps outlined below to organize and present your information in a single, readable paragraph.
Begin by considering the following questions.

1. Di dove sei? _____

2. C'è un'università? _____

3. C'è un ospedale? _____

4. C'è uno zoo? _____

5. Ci sono piazze? _____

6. C'è una stazione? _____

7. C'è un aeroporto? _____

8. Ci sono fontane? _____

9. Ci sono monumenti? _____

10. C'è un teatro? _____

11. ? _____

Next, organize your answers in a paragraph. Begin by saying where you are from: **Sono di...** Then indicate what places and attractions are and are not to be found in your town or city.

B. Come si dice in italiano?

1. Excuse me, where is the university?

2. There is the university.

3. Is professor Pini there?

4. Who? Doctor Pini? Today he is not in. **(Non c'è).** He is at home.

5. Please, where is the bank of Italy?

6. It is downtown.

7. Are there restaurants, too?

8. Yes, the restaurants and shops are downtown.

9. What's your name?

10. My name is Lisa. I'm a student of Italian.

Attualità: Tre città italiane

A. Prima di leggere. Read the brief descriptions of three Italian cities taken from a guidebook. Watch for cognates in order to get the gist of each description, even if you cannot understand every word.

Ecco il Davide di Michelangelo a Firenze. Firenze è la città dell'arte **rinascimentale** *(renaissance)*, ci sono **anche** *(also)* molte università americane.

Roma è la capitale d'Italia. Ecco il Colosseo, un monumento molto famoso, **costruito** *(built)* dai Romani. I turisti visitano il Colosseo **durante tutto l'anno** *(all year round)*.

Venezia è la città romantica per eccellenza. Ci sono molti **ponti** *(bridges)* a Venezia. Ecco il famoso ponte Rialto dove ci sono molti negozi.

B. Alla lettura

1. Make a list of all of the cognates you can identify in the three descriptions.

_____

_____

_____

2. Complete the following sentences with appropriate information.

   a. Uno dei monumenti famosi di Roma è _____ .

   b. I turisti visitano Roma _____ .

   c. A Firenze ci sono anche _____ .

   d. Michelangelo è l'artista famoso della statua del _____ .

   e. Venezia è la città _____ .

   f. A Venezia ci sono _____ .

   g. Un ponte molto famoso è _____ .

La personalità

2

Parole da ricordare: La descrizione

A. Com'è? Describe the nouns using the adjectives listed below.

alto americano basso bello biondo buono divertente giovane grande intelligente
nuovo piccolo vecchio cattivo simpatico felice italiano

1. il libro di italiano _____
2. la mamma _____
3. Roma _____
4. l'università _____
5. il professore (la professoressa) _____
6. un film di Jim Carey _____
7. la persona ideale _____
8. la Ferrari _____
9. il caffè _____

B. Opposti. Answer the following questions using the opposite adjective.

> *Esempio* È grassa Miss America?
> *No, è magra.*

1. È povero Bill Gates? _____
2. È noiosa la lezione di italiano? _____
3. È grande l'università? _____
4. È basso l'Empire State Building? _____
5. È giovane il Papa *(Pope)*? _____
6. È debole Popeye? _____
7. È basso Shaquille O'Neil? _____
8. È triste la professoressa? _____
9. È antipatico Jim Carey? _____

La grammatica

1 L'aggettivo; *Buono e bello*

A. *L'aggettivo*

Pratica

A. L'aggettivo al maschile e al femminile. Rewrite each sentence using the subject in parentheses and changing the adjective accordingly.

Esempio   Il ragazzo è simpatico. (la ragazza)
La ragazza è simpatica.

1. Lo studente è bravo. (la studentessa)

_____

2. Il bambino è intelligente. (la bambina)

_____

3. La zia è ricca. (lo zio)

_____

4. Il signore è francese. (la signora)

_____

5. La professoressa è tedesca. (il professore)

_____

B. Come sono? Complete each sentence with the correct form of the adjective in parentheses.

Esempio   (magro)
Luigi è magro.

1. (alto) Teresa e Maria sono

_____

2. (verde) La casa di Tonino è

_____

3. (bravo) I dottori sono

_____

4. (difficile) Le lezioni d'italiano sono

_____

5. (intelligente) Gli studenti sono

_____

6. (nero) Gli occhi di Maria sono

_____

4. È una cattiva idea?

_____

5. Il Prof. Rossi è un cattivo professore?

_____

B. In Italia ci sono tante cose belle. Using the adjective **bello,** make a comment about the following people or things.

> _Esempio_   (la macchina di Andrea)
> _Che bella macchina!_

1. il ragazzo di Gabriella

_____

2. gli occhi di Lucia

_____

3. i bambini di Renata

_____

4. un albergo _(hotel)_ di Riccione

_____

5. lo zoo di San Diego

_____

6. la lingua italiana

_____

Comprensione

🔊 CD1, TRACK 15

A. Come sono buoni! Answer each question using the adjective **buono.** Then repeat the response after the speaker.

> _1. Esempio_   Com'è il vino?
> _È un buon vino._

_____

_____

_____

_____

> _2. Esempio_   Come sono i vini?
> _Sono buoni vini._

_____

_____

_____

_____

C. L'aggettivo al plurale o al singolare. Change each sentence from the singular to the plural or vice versa making the necessary changes.

Esempio   Il giardino è piccolo. (i giardini)
            I giardini sono piccoli.

1. Le lezioni sono facili. (la lezione)

    _____

2. I dottori sono bravi. (il dottore)

    _____

3. La fontana è bella. (le fontane)

    _____

4. Le piazze sono grandi. (la piazza)

    _____

5. La signorina è americana. (le signorine)

    _____

6. La ragazza è tedesca. (le ragazze)

    _____

Comprensione

CD1, TRACK 14

L'aggettivo al plurale. Listen to the model sentence. Then form a new sentence by substituting the noun give as a cue and making all necessary changes. Repeat the response after the speaker.

Esempio   Gisella è italiana. (Franco e Gino)
            Franco e Gino sono italiani.

1. _____   4. _____

2. _____   5. _____

3. _____   6. _____

B. *Buono e bello*

Pratica

A. A Milano tutto è buono! Answer each question substituting **buono** for **cattivo.**

Esempio   È un cattivo caffè?
            No, è un buon caffè.

1. Pia e Lia sono due cattive ragazze?

    _____

2. È un cattivo ristorante?

    _____

3. Sono due cattivi amici?

    _____

CD1, TRACK 16

B. Le belle foto dall'Italia. A friend is pointing out people and things to you in a photo. Respond by using **Che** plus the adjective **bello.** Then repeat the response after the speaker.

Esempio   Ecco un giardino.
Che bel giardino!

1. —————————————————————   4. —————————————————————
2. —————————————————————   5. —————————————————————
3. —————————————————————   6. —————————————————————

2 *Avere* e frasi idiomatiche con *avere*

A. *Avere*

Pratica

A. Che cosa hanno? Complete each sentence with the correct form of **avere.**

1. Gli zii di Gino ———————————————— un appartamento in città.

2. Tu e Lisa ———————————————— un buon professore?

3. Io ———————————————— i capelli biondi.

4. Noi ———————————————— uno zio ricco.

5. ———————————— una bicicletta tu?

6. Un dottore ———————————————— una professione interessante.

B. Che cosa non hanno gli amici di Luisa. Answer each question in the negative.

1. Hai una FIAT tu?

   ——

2. Avete dieci dollari?

   ——

3. Lisa ha uno zio in America?

   ——

4. Pio e Giulio hanno un amico tedesco?

   ——

5. Noi abbiamo l'indirizzo (*address*) di Gina?

   ——

6. Un professore ha una professione noiosa?

   ——

Comprensione

CD1, TRACK 17

A. Che cosa hanno gli amici di Gina? Listen to the model sentence. Then form a new sentence by substituting the nouns or pronouns given. Repeat each response after the speaker.

> *Esempio*   Io ho un cane. (tu e Gina)
> *Tu e Gina avete un cane.*

1. _____   4. _____

2. _____   5. _____

3. _____   6. _____

CD1, TRACK 18

B. Che cosa non hanno gli studenti di Padova? Answer each question in the negative. Then repeat the response after the speaker.

> *Esempio*   Avete una macchina voi?
> *No, noi non abbiamo una macchina.*

1. _____   4. _____

2. _____   5. _____

3. _____

B. Frasi idiomatiche con *avere*

Pratica

A. Come sta il tuo amico Franco. Ask a friend whether . . .

1. he (she) is sleepy.

_____

2. he (she) is hungry.

_____

3. he (she) feels warm.

_____

4. he (she) feels cold.

_____

5. he (she) is thirsty.

_____

6. he (she) needs money.

_____

B. Di che cosa ho bisogno? Indicate whether or not you need the following people or things.

Esempio   (libro)
Ho bisogno di un libro. or Non ho bisogno di un libro.

1. (un dizionario di tedesco)

   _____

2. (un dischetto)

   _____

3. (una matita rossa)

   _____

4. (un quaderno)

   _____

5. (un compagno di classe)

   _____

6. (un calendario)

   _____

Comprensione

🎧 CD1, TRACK 19

A. Io ho sete e tu? Listen to the model sentence. Then form a new sentence by substituting the cue. Repeat the response after the speaker.

1. Esempio   sete
Non ha sete Lei?

1. _____   4. _____

2. _____   5. _____

3. _____

2. Esempio   Luigi ha ragione. (anche tu)
Anche tu hai ragione.

1. _____   3. _____

2. _____   4. _____

🎧 CD1, TRACK 20

B. Grazie, non ho bisogno di niente. It's the evening before an important test. Your roommate wants to help you and is asking if you need certain things. Answer her questions in the negative. Then repeat the response after the speaker.

Esempio   Hai bisogno di una penna?
No, non ho bisogno di una penna.

1. _____   4. _____

2. _____   5. _____

3. _____

3 *Quanto?* e i numeri cardinali

Pratica

A. Formiamo delle domande. Ask the questions that would elicit the following answers.

Esempio   Abbiamo due gatti.
   Quanti gatti avete?

1. I Rossi hanno tre bambine.

_____

2. 7 x 7 fa 49.

_____

3. Marco ha 250 dollari.

_____

4. Ci sono tre fontane in piazza.

_____

5. Ci sono 28 giorni a febbraio.

_____

6. Ho 22 anni.

_____

7. Abbiamo 4.450 euro.

_____

B. Quanto fa? Write out the answers to the following arithmetic problems.

1. dodici (più) ventiquattro _____

2. settantadue (meno) trentuno _____

3. venti (per) cinque _____

4. duemila (diviso) quattro _____

C. Quanto costa? Mirella wants to buy a present for her boyfriend and is asking you how much each item costs.

Esempio   Quanto costa una motocicletta? (500 dollari)
   Costa cinquecento dollari.

1. una chitarra elettrica? (360 dollari)

_____

2. una bicicletta? (255 dollari)

_____

3. un orologio *(watch)* Gucci (150 dollari)

_____

4. un viaggio *(trip)* in Italia (2.000 dollari)

_____

Nome _____ Data _____ Classe _____

Comprensione

CD1, TRACK 21

A. Contiamo in italiano. Count from zero to twenty in Italian, repeating each number after the speaker, and spelling out the numbers.

_____ _____ _____ _____

_____ _____ _____ _____

_____ _____ _____ _____

_____ _____ _____ _____

CD1, TRACK 22

B. Formiamo le domande. Give the question that would elicit each of the following answers. Repeat each response after the speaker.

Esempio   Papà ha quarantanove anni.
Quanti anni ha papà?

1. _____   3. _____

2. _____   4. _____

4 *Quale? e Che?* (Which? and What?)

Pratica

A. Siamo più specifici, non capisco. A friend is asking you where the following things are, but you want him to be more specific. Follow the example.

Esempio   Dov'è il libro?
Quale libro?

1. Dove sono le lettere? _____   4. Dov'è la banca? _____

2. Dov'è il negozio? _____   5. Dov'è l'autobus? _____

3. Dove sono i monumenti? _____

B. Che... ! React with an exclamation to the following statements, according to the example.

Esempio   Marco è un ragazzo molto bello.
Che bel ragazzo!

1. Gina è una studentessa molto brava.

_____

2. La stanza di Maria è molto disordinata.

_____

3. Il mio amico è un ragazzo molto simpatico.

_____

4. Lisa e Gina sono due ragazze molto carine.

_____

5. L'orologio di Luigi è molto bello.

_____

Comprensione

A. Che cosa significa? A friend is asking you where the following things are, but you want him/her to be more specific asking **Quale... ?** Repeat the response after the speaker.

Esempio   Dov'è il parco?
            Quale parco?

1. _____   4. _____

2. _____   5. _____

3. _____

CD1, TRACK 24

B. Di che tipo? A friend is making a statement about the following things, but you want him/her to be more specific by asking **Che... ?** Repeat the response after the speaker.

Esempio   Oggi io ho una lezione.
            Che lezione?

1. _____   3. _____

2. _____   4. _____

Ascoltiamo!

CD1, TRACK 25

A. Dettato: Gina e Carmela. Listen to this short description of two young women, Gina and Carmela. It will be read the first time at normal speed, a second time more slowly so that you can supply the missing adjectives, and a third time so that you can check your work. Feel free to repeat the process several times if necessary.

Ho due _____ amiche: Gina e Carmela. Gina è una ragazza molto

_____ , ha _____ amici e ha un gatto

_____ . Carmela è molto _____ , ha i capelli

_____ e gli occhi _____ , non ha un gatto ma ha

una bicicletta _____ . Gina è _____ , ma Carmela è

_____ .

CD1, TRACK 26

B. All'università di Bologna. Listen as Gina tells her friend Carmela about her new professors at the start of the school year. Then complete the sentences that follow based on their conversation.

1. Il professore di matematica è molto _____ .

2. La professoressa di italiano è molto _____ .

3. Il professore di latino è _____ .

4. Sono una studentessa _____ .

Domanda personale

Hai una lezione come Gina? Com'è il professore (la professoressa)?

_____

_____

Adesso scriviamo!

A. *Chi è?* Assume the identity of a well-known person and describe yourself in a brief paragraph. Provide basic information about your appearance and personality that should allow your reader to guess who you are. Do not divulge your name until the very end of your description!

First, organize your information by answering the following questions.

1. Di dove sei?

   _____

2. Quanti anni hai?

   _____

3. Sei bruno(a) o biondo(a)?

   _____

4. Sei alto(a) o basso(a)?

   _____

5. Hai gli occhi neri o azzurri?

   _____

6. Sei simpatico(a)?

   _____

7. Sei giovane?

   _____

8. Sei intelligente?

   _____

9. Sei divertente?

   _____

10. Hai un lavoro?

    _____

11. Hai un buono stipendio?

    _____

Next, organize your answers in a paragraph. Begin by indicating where you are from: **Sono di...** Then describe yourself in complete sentences. At the very end, reveal your name: **Mi chiamo...**

B. Come si dice in italiano?

1. Lisa and Graziella are two good friends.

2. They have brown eyes, but Lisa is blond and tall whereas (*mentre*) Graziella is short and dark-haired.

3. They are very pretty and young.

4. Lisa is rich and has a small car.

5. Graziella has an old bicycle.

6. They have the same German professor.

7. It is a difficult course.

8. But today they have a very easy exam.

Attualità: Il turismo sulla riviera italiana

A. Prima di leggere. The paragraphs below provide information about two resort locations in Italy; they are based on Internet sites aimed at prospective tourists. Before you read them, look carefully at the accompanying photos. Are you already familiar with any of the sites shown? Can you locate them on a map of Italy?

Amalfi

Amalfi, sulla costiera amalfitana, al sud di Napoli, è un posto meraviglioso per passare le vacanze. Ci sono: il mare, la costa, e i terrazzamenti *(long flights of steps)* con giardini di buganville. Amalfi è un luogo *(place)* turistico molto conosciuto e frequentato grazie alla bellezza del suo panorama, e al suo clima. Amalfi è inoltre vicina ad altre bellissime località, come Positano e l'isola di Capri, che si può raggiungere *(to reach)* facilmente con barche e motoscafi *(motorboats)*.

Based on: http://www.primitaly.it/campania/salerno/amalfi.htm

Le Cinque Terre

Le Cinque Terre sono cinque villaggi sulla costa del Mar Ligure, al nord di La Spezia. Sono tra il mare e le montagne, su un tratto di costa con **scogliere** *(cliffs)*, vigneti e terrazze di fiori. Le Cinque Terre sono: Monterosso, Vernazza, Corniglia, Manarola e Riomaggiore. È possibile andare da un villaggio all'altro con un treno locale, con la **barca** *(boat)* o **a piedi** *(on foot)*. Non è possibile andare in automobile.

Based on: http://www.cinqueterre.org/ita/5terre/5_terre.asp

B. Alla lettura. Complete the following sentences with appropriate information from the reading.

1. Amalfi è _____ .

2. Ci sono _____ .

3. Oggi Amalfi è amata in tutto il mondo per _____ .

4. Le Cinque Terre sono _____ .

5. Sono su un tratto di costa con scogliere e _____ .

6. È possibile andare da un villaggio all'altro _____ .

L'università 3

Parole da ricordare: Il sistema italiano degli studi

A. Che cosa studiano? The students listed below take the courses indicated. What subject does each one take?

1. Marco: Napoleone, Garibaldi

   _____

2. Luisa: Michelangelo, Leonardo da Vinci

   _____

3. Filippo: computer, Internet

   _____

4. Elisabetta: russo, arabo

   _____

5. Enrico: animali, piante

   _____

6. Valeria: produzione, mercato

   _____

7. Alessio: Dante, Shakespeare

   _____

8. Marta: il comportamento *(behavior)* del bambino

   _____

9. Alberto: i mass media e la società

   _____

10. Anna: la politica, le elezioni

    _____

B. Un piccolo cruciverba! *(crossword puzzle)*

Orizzontali *(Across)*

1. Gli studenti studiano in...
4. Se suono il piano studio la...
5. L'opposto di presente
8. Se prendo una «A», prendo un bel...
9. Se studio il comportamento dei bambini, studio la...
10. Se studio i programmi per computer, studio l'...

Verticali *(Down)*

2. Sinonimo di professore
3. Se studio le formule, studio la...
6. Se studio la rivoluzione francese, studio la...
7. Se studio la produzione e il mercato, studio l'...

(crossword grid with: BIBLIOTECA across at 1; CHIMICA down at 3)

La grammatica

1 Verbi regolari in *-are* : il presente

Pratica

Che cosa fanno gli amici di Liliana? Change the verb form according to each subject in parentheses.

1. Liliana lavora in un ufficio. (io, voi, tu e io)

_____

_____

2. Voi giocate a tennis. (i ragazzi, noi, lui)

_____

_____

3. Antonio e Fido mangiano con appetito. (tu, Lei, voi due, Luigi e io)

_____

_____

4. La signora Rovati non compra dolci perché è grassa. (noi, io, anche tu)

_____

_____

5. Aspetto l'autobus. (lui e lei, tu, anche Antonio)

_____

_____

Comprensione

 CD1, TRACK 27

A. Cosa fanno gli studenti? Listen to the descriptions of what various people are doing right now. Then, match their actions to the scenes by writing the letter of the drawing that corresponds to each statement. You will hear each statement twice.

1. _____
2. _____
3. _____
4. _____
5. _____
6. _____
7. _____
8. _____
9. _____
10. _____

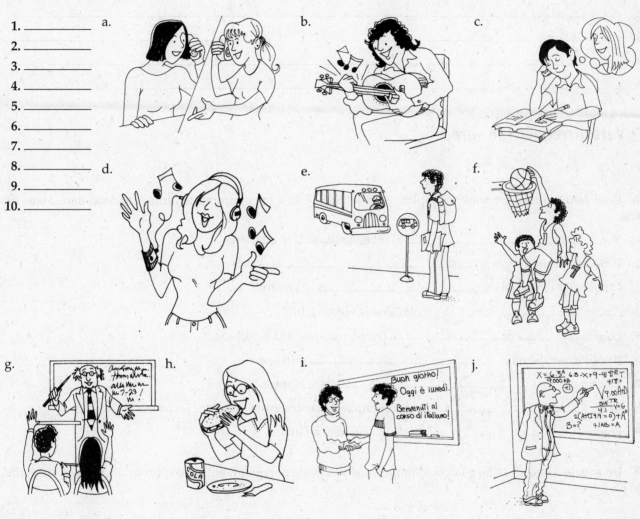

 CD1, TRACK 28

B. Impariamo a fare domande. Change each statement into a question. Then repeat the question after the speaker.

Esempio Pietro compra un regalo.
Compra un regalo Pietro?

1. _____
2. _____
3. _____
4. _____
5. _____

C. Impariamo a rispondere di no. Answer each question in the negative. Then repeat the response after the speaker.

> *Esempio*　　Mangi spaghetti tu?
> *No, io non mangio spaghetti.*

1. _____

2. _____

3. _____

4. _____

5. _____

2 Verbi irregolari in -are

Pratica

A. Cosa fanno queste persone? Complete each sentence using the appropriate form of andare, dare, stare, or fare.

1. Noi _____ al mercato (*market*) in bicicletta.

2. Tutte le mattine i ragazzi _____ la doccia.

3. Quando ha tempo lei _____ a teatro.

4. _____ colazione la mattina, tu?

5. Loro _____ a teatro una volta alla settimana.

6. Bambini, perché non _____ zitti (*quiet*)?

7. Mamma, dove _____ a fare la spesa?

8. Io _____ per chiamare la centralinista (*telephone operator*).

9. Francesco _____ un libro a Gina.

B. Un sabato a casa di Dino e Lucia. Complete the following paragraph with the appropriate form of the verbs in parentheses.

Oggi è sabato. Io (fare) _____ la spesa, ed poi i bambini e io (fare) _____ una passeggiata a piedi in città. Dino invece (stare) _____ a casa perché non (stare) _____ molto bene. Questa sera Dino ed io (andare) _____ da alcuni amici che (*who*) (dare) _____ una festa. Questi amici (stare) _____ in via Garibaldi, non molto lontano. Noi (fare) _____ la doccia e dopo cena (dare) _____ un bacio (*kiss*) ai bambini e, finalmente, (andare) _____ dagli amici.

Comprensione

 CD1, TRACK 30

A. Cosa fanno gli Italiani in centro a Milano? You will hear twice what some people who live in Milan like doing on Sunday morning. Listen carefully and match each description with the appropriate drawing.

1. _____
2. _____
3. _____
4. _____
5. _____
6. _____

a.

b.

c.

d.

e.

f.

 CD1, TRACK 31

B. Dove vanno gli studenti dopo le lezioni? Listen to where various students who attend the University of Naples are going after their classes. You will hear each sentence twice. Fill in the subject(s) and the form of the verb **andare** that you hear.

1. _____ al cinema.

2. _____ a casa.

3. _____ in biblioteca.

4. _____ a giocare a basket.

5. _____ al parco.

6. _____ in palestra.

3 Le preposizioni: semplici, articolate, avverbiali

Pratica

A. Di chi sono queste cose? Indicate the owner of each of the following things according to the example.

Esempio   (professore / penna)
             È la penna del professore.

1. (mamma / tavolo)

_____

2. (papà / sedia)

_____

3. (bambini / letti)

_____

4. (zio / macchina)

_____

5. (signori / casa)

_____

6. (studenti / esame)

_____

B. Dove sono queste cose e persone? Indicate where the following persons or things can be found, using the elements given.

Esempio   (su / dizionario / tavolo)
             Il dizionario è sul tavolo.

1. (in / sedie / stanza)

_____

2. (a / Pietro / conferenza)

_____

3. (su / signori Bini / autobus)

_____

4. (in / fogli / cartoleria)

_____

5. (su / libri / scaffali)

_____

6. (su / fotografie / pareti)

_____

7. (in / stanza / edificio)

_____

C. Dov' è l'hotel di Maria? Indicate the spatial relationship between Maria's hotel and each of the following places.

Esempio   (davanti / museo)
            L'albergo di Maria è davanti al museo.

1. (vicino / stazione)

   _____

2. (lontano / centro)

   _____

3. (dietro / chiesa)

   _____

4. (lontano / giardini)

   _____

5. (davanti / posta)

   _____

6. (fuori / città)

   _____

Comprensione

 CD1, TRACK 32

A. Le preposizioni articolate: *sul, sulla.* Look at the drawing below and listen to the related statements. Indicate whether each is true or false, by placing a checkmark beside the correct answer. Each sentence will be repeated twice.

Esempio   You hear: Il dizionario è sul tavolo.
            You write a checkmark beside: vero _____ falso _____

1. vero _____   falso _____
2. vero _____   falso _____
3. vero _____   falso _____
4. vero _____   falso _____
5. vero _____   falso _____

B. Di chi sono queste stanze? Paolo lives in a huge villa and is showing his friends the different rooms. Re-create Paolo's statements, using the cue and following the example. Then repeat the response after the speaker.

Esempio   il papà
È la stanza del papà.

1. _____
2. _____
3. _____
4. _____
5. _____
6. _____

CD1, TRACK 34

C. Descriviamo l'università di Parma. Listen to the description of the city of Parma to learn where each of the buildings mentioned is. Then provide the missing preposition in each of the sentences below. Each description will be repeated twice.

1. La biblioteca è _____ alla facoltà di Lingue straniere.

2. La libreria è _____ la biblioteca.

3. Il ristorante Da Pino è _____ alla facoltà di matematica.

4. La facoltà di ingegneria è _____ la libreria.

5. La facoltà di matematica è _____ dalla biblioteca.

CD1, TRACK 35

D. Lucia visita la città di Verona. Lucia is visiting a new city and is asking about different places. Using the cues, answer each of her questions. Then repeat the response after the speaker.

Esempio   Il museo è vicino all'università? (no / lontano)
No, è lontano dall'università.

1. _____
2. _____
3. _____
4. _____

4 I giorni della settimana

Pratica

Che giorno della settimana è festa? Complete each sentence by indicating the days of the week associated with the following activities or holidays. Use the appropriate form of the definite article when necessary.

1. Gli studenti americani non vanno a scuola _____ e

   _____ .

2. Il giorno di Thanksgiving è sempre l'ultimo *(last)* _____ di novembre.

3. Quest'anno il giorno di Natale (*Christmas*) arriva di (*on*) _____.

4. La settimana di uno studente incomincia _____ e finisce _____.

5. Molti Italiani vanno in chiesa _____.

Comprensione

CD1, TRACK 36

La settimana di Linda. Linda is a very methodical person and has a specific activity for each day of the week. Use the cue to amplify each sentence. Then repeat the response after the speaker.

Esempio   Va in biblioteca. (lunedì)
              Il lunedì va in biblioteca.

1. _____
2. _____
3. _____
4. _____
5. _____
6. _____

Ascoltiamo!

CD1, TRACK 37

A. Dettato: La stanza di Marco. Listen to the description of Marco's room at the University of Parma. It will be read the first time at normal speed, a second time more slowly so that you can supply the missing words, and a third time so that you can check your work. Feel free to repeat the process several times if necessary.

Marco abita _____: un nuovo _____ in via Garibaldi, molto _____ all'università. La stanza di Marco è molto _____ e lui ha un compagno di stanza che si chiama Alberto.

Ci sono due _____, una finestra dà _____ un bel parco, l'altra finestra invece dà _____ strada. Nella stanza ci sono due _____, due _____ e due scrivanie. _____ scrivanie ci sono molti oggetti: carte, _____, libri, _____, una lampada e un computer. Alle pareti e sulla _____ ci sono poster di cantanti rock, perché Marco e Alberto _____ la musica rock e _____ la chitarra. Sul pavimento ci sono molti fogli di carta. La stanza è disordinata perché Marco e Alberto sono molto occupati: sono studenti di _____ all'università di Parma e, quando sono liberi, _____. Marco lavora in un negozio vicino _____ _____, mentre Alberto lavora _____.

B. Com'è la stanza di Liliana? Listen now to the description of Liliana's room and answer the following questions. You will hear the description twice.

1. È in un nuovo edificio la stanza di Liliana?

   _____

2. È grande la stanza di Liliana?

   _____

3. Ha una compagna di stanza?

   _____

4. Che mobili (*furniture*) ci sono nella stanza?

   _____

5. Quali oggetti ci sono sul tavolo?

   _____

6. Perché Liliana ha molte foto di panorami alle pareti?

   _____

7. È ordinata la stanza di Liliana?

   _____

8. Che cosa studia Liliana all'università di Padova?

   _____

9. Chi vede quando è libera ?

   _____

Domanda personale

Com'è la tua stanza? È ordinata? È grande o piccola? Hai una finestra?

_____

Adesso scriviamo!

A. Cerco un compagno/una compagna di stanza You are looking for a roommate and you write a brief advertisement to post on the university bulletin boards. Follow the steps outlined below to organize and present your information in a single, readable paragraph.

To organize your thoughts, begin by answering the following questions:

1. Dove abiti?

   _____

2. La stanza è grande?

   _____

3. C'è una finestra?

   _____

4. È ordinata?

_____

5. Ci sono due scrivanie? Due letti? Due... ?

_____

6. Hai un computer? Un televisore?

_____

7. Hai un cane o un gatto?

_____

8. Studi la mattina o la sera?

_____

9. Ascolti la musica?

_____

Next, organize your responses into a short paragraph. Begin by saying where you live:
Abito a... Then describe your room and your living preferences.

B. Come si dice in italiano?

1. Every **(Ogni)** day Giulia goes on foot **(andare a piedi)** to the university with Maria.

2. Today, however **(però)**, Maria is staying home because she is not well; so **(così)** Giulia takes **(prende)** the bus.

3. At the library she meets a friend: "Hi, Paola. What are you doing here **(qui)**?"

4. "I am looking for a book on **(sull')** Italian art."

5. "Do you have four classes this **(questo)** quarter?"

6. "No, only three: a psychology class, an English class, and an art History class."

7. After classes Giulia takes a walk and makes a phone call to Maria.

8. "Maria, are you going to Gianni's party on Sunday **(domenica)**?"

9. "Sorry **(Mi dispiace)**, but on Sunday I am going to the movies with Cristina."

Attualità: Cerco una stanza o un compagno/una compagna di stanza

A. Prima di leggere. The following room/roommate advertisements are from a university bulletin board. Although some of the language used is unfamiliar to you, focus as you read them on the essential information a housing advertisement will probably contain: the location, for example, whether a male or female roommate is desired, and contact information.

A.

Cerco alloggio

Studente universitario cerca una stanza in famiglia, con possibilità di uso cucina. Non fumatore. Referenze. Scrivete a: Luciano Ghilardi, presso famiglia Filon, via Unione 6, Vicenza.

B.

Cerco

studentessa per condividere piccolo appartamento vicinanze università. Metà affitto più metà spese. Contratto scade fine agosto. Requisiti: non fumatrice e non avere animali domestici. Telefonate la sera dopo le 8 allo 02/99351.

C.

Studentessa di ingegneria cerco posto letto in camera singola. Spesa max 300 euro. Ricevo e-mail per offerte–mdalma@tin.it

D.

Cerco urgentemente compagno di stanza per dividere una stanza doppia in pieno centro, max 200 euro. Telefonare al 326-4523494–martaspasi@tiscli.it

B. Alla lettura. Look carefully at advertisement A and complete the following sentences.

1. Lo studente cerca _____.

2. Lo studente desidera l'uso della _____.

3. Per referenze scrivete a _____.

Now look carefully at advertisement B and complete the following sentences.

4. Lo studente/La studentessa cerca una studentessa per _____

5. La studentessa paga _____.

6. Il contratto scade (*expires*) a _____.

7. I requisiti sono: _____.

8. La studentessa telefona al _____.

Then read advertisement C and answer the following questions.

9. Che cosa studia la studentessa? _____.

10. Che cosa cerca? _____.

11. Che cosa riceve? _____.

Now read advertisement D and answer the following questions.

12. Che cosa cerca questo studente/questa studentessa?

_____

13. Dove ha la stanza?

_____

14. Quanto paga?

_____

15. A quale numero telefoni?

_____

A tavola 4

Parole da ricordare: Pasti e piatti

A. Il menù. Give the appropriate title to each group of dishes. Choose from the following list: **dolci, antipasti, pesce, secondi di carne, frutta, contorni, primi piatti.**

1. _____: patate fritte, insalata verde, insalata mista
2. _____: risotto alla pescatora, spaghetti alle vongole, tortellini alla panna
3. _____: prosciutto e melone, salmone affumicato, misto di mare freddo
4. _____: bistecca alla griglia, scaloppine al marsala, pollo alla diavola
5. _____: zuppa inglese, torta della nonna, gelato in coppa
6. _____: sogliola alla mugnaia, trota al burro, fritto misto
7. _____: macedonia, frutta di stagione, frutta secca

B. Abitudini alimentari. Complete the following statements with your preferences.

1. A casa

a. A colazione prendo

_____

b. A pranzo mangio

_____

c. A cena bevo

_____

2. Al ristorante

a. Come antipasto prendo

_____

b. Come primo piatto prendo

_____

c. Come secondo piatto prendo

_____

d. Come contorno prendo

_____

e. Bevo

_____

3. **Al bar**

   a. A colazione prendo

   _____

   b. A pranzo prendo

   _____

   c. Bevo

   _____

   d. Nel pomeriggio prendo

   _____

La grammatica

1 Verbi regolari in *-ere* e *-ire*: il presente

Pratica

A. Cosa fanno queste persone? The following are activities that take place in a restaurant. Complete each sentence with the appropriate form of the verb in parentheses.

1. (servire) I camerieri _____ il pranzo.
2. (prendere) Alcune signore _____ un gelato.
3. (rispondere) La mamma _____ al telefono.
4. (aprire) Una signorina _____ il regalo.
5. (offrire) Un cameriere _____ dell'acqua a dei bambini.
6. (leggere) Molte persone _____ il giornale.

B. Al caffè dell'università di Torino. The following sentences are fragments of conversations that one might hear at a café frequented by students. Answer each question that follows with a logical sentence, as if you were in that café.

> *Esempio*   Io leggo il libro d'italiano. E voi?
> *Noi leggiamo il libro di storia.*

1. Stasera io vedo un film di Bertolucci. E voi?

   _____

2. Lui segue tre corsi. E tu?

   _____

3. Lo zio di Pietro vive a New York. E gli zii di Carlo?

   _____

4. Noi dormiamo otto ore. E lui?

   _____

5. Noi riceviamo brutti voti. E loro?

   _____

6. Lui scrive una lettera a un amico. E tu?

_____

7. Io chiedo soldi a papà. E voi?

_____

Comprensione

 CD2, TRACK 2

A. Le attività degli studenti. Listen as each person describes his/her favorite activity. Then write in the person's name below the illustration of that activity. You will hear each description twice.

a. _____

b. _____

c. _____

d. _____

e. _____

f. _____

 CD2, TRACK 3

B. Noi leggiamo molto. Listen to the model sentence. Then form a new sentence by substituting the subject given. Repeat the response after the speaker.

Esempio   Io leggo molti libri. (tu)
              Tu leggi molti libri.

1. _____

2. _____

3. _____

4. _____

C. Rispondiamo alle domande di Marisa. Marisa is asking Gianna about things she and her friends are doing. Use the cue and follow the example to answer each of Marisa's questions. Then repeat the response after the speaker.

Esempio   Leggi il giornale adesso? (no)
No, non leggo il giornale adesso.

1. _____
2. _____
3. _____
4. _____
5. _____
6. _____

2 Verbi in -*ire* con il suffisso -*isc*-

Pratica

A. Cosa fanno nella famiglia di Marco? Complete each sentence with the appropriate form of the verb.

Esempio   Tu finisci presto. Anche Marco _____ presto.
Tu finisci presto. Anche Marco **finisce** *presto.*

1. Io restituisco i libri. Anche loro _____.

2. Voi non capite bene. Anch'io non _____.

3. Tu costruisci una casa. Anche noi _____.

4. Noi finiamo il lavoro. Anche voi _____.

5. Maria pulisce la stanza. Anche loro _____.

B. Non tutti fanno le stesse cose. Show that there is disagreement between the people below by completing each sentence with the appropriate form of the verb.

Esempio   Io finisco i compiti presto, mentre *(while)* il mio compagno _____
i compiti tardi.
Io finisco i compiti presto, mentre il mio compagno **finisce** *i compiti tardi.*

1. Mio padre costruisce una villa al mare, mentre i miei zii _____ una villa a Como.

2. Io finisco il mio lavoro alle 5.00, mentre i miei fratelli _____ il loro alle 6.00.

3. Io restituisco i soldi a mia madre, mentre mia sorella _____ i soldi raramente.

4. Mio padre capisce i miei problemi, mentre io e mio fratello non _____ i suoi.

5. Io preferisco il golf, mentre il mio amico _____ il tennis.

Comprensione

🎧 CD2, TRACK 5

A. Oggi tutti non capiscono niente! Listen to the model sentence. Form a new sentence by substituting the subject given. Then repeat the response after the speaker.

Esempio   Io non capisco la domanda. (tu)
Tu non capisci la domanda.

1. _____
2. _____
3. _____
4. _____

🎧 CD2, TRACK 6

B. Cosa preferiscono fare i familiari di Piero? Using the cues, state how the following people prefer to spend their time. Then repeat the response after the speaker.

Esempio   Tu preferisci viaggiare. (Piero / leggere)
Piero preferisce leggere.

1. _____
2. _____
3. _____
4. _____
5. _____

3 Il partitivo; *alcuni, qualche, un po' di* (some, any)

Pratica

A. Di che cosa ho bisogno per il pranzo? Complete the following with **di** plus the correct form of the article.

Esempio   *della* birra

Oggi io preparo il pranzo e ho bisogno _____ pasta, _____

carne, _____ vino, _____ spaghetti, _____

pane, _____ pomodori, _____ caffè, _____

spinaci, _____ zucchero, _____ spumante.

B. Più di uno. Answer each question, replacing the article with the partitive and making the necessary changes.

Esempio   Hai un libro d'italiano?
            Sì, ho dei libri d'italiano.

1. Hai un'amica simpatica?

   _____

2. C'è un albero in piazza?

   _____

3. C'è una foto alla parete?

   _____

4. Avete una fotografia di Anna?

   _____

5. Ascoltate un disco?

   _____

6. Invitate un ragazzo alla festa?

   _____

C. Usiamo *qualche*. Answer each question in the affirmative, replacing the partitive with **qualche** and making the necessary changes.

Esempio   Ci sono dei regali?
            Sì, c'è qualche regalo.

1. Scrivete degli inviti?

   _____

2. Avete delle opinioni?

   _____

3. Ci sono delle macchine nella strada?

   _____

4. Ricevi dei regali per il tuo compleanno?

   _____

D. Usiamo *un po' di*. Answer each question in the affirmative and replace the partitive with **un po' di**.

Esempio   C'è del pane?
            Sì, c'è un po' di pane.

1. Servite del formaggio?

   _____

2. Compri del prosciutto?

   _____

3. Prendi del pane?

   _____

4. C'è del pollo nel frigo?

   _____

Comprensione

(🎧) CD2, TRACK 7

A. Che cosa ordiniamo al ristorante? Complete according to the model sentence by using the cue and the appropriate partitive. Repeat each response after the speaker.

Esempio Noi ordiniamo... (vino)
Noi ordiniamo del vino.

1. _____
2. _____
3. _____
4. _____
5. _____
6. _____

(🎧) CD2, TRACK 8

B. Non siamo specifici. Answer each question affirmatively, replacing the article with the appropriate partitive. Repeat each response after the speaker.

Esempio Servi la carne?
Sì, servo della carne.

1. _____
2. _____
3. _____
4. _____
5. _____

4 Molto, tanto, troppo, poco, tutto, ogni

Pratica

A. Ci sono molte cose. Modify each sentence by replacing the partitive with the correct form of **molto**.

Esempio Voi comprate della pasta?
Noi compriamo molta pasta.

1. Avete dei compiti per domani?

   _____

2. C'è della Coca-Cola nel frigo?

   _____

3. Ricevete degli inviti?

   _____

4. Hai del tempo libero (*free*)?

   _____

B. Ci sono poche cose. Answer in the negative using the correct form of **poco.**

> *Esempio*   Hai tanti amici?
> *No, ho pochi amici.*

1. Avete tanta fame?

   _____

2. Studi molte ore?

   _____

3. Hai molto tempo?

   _____

4. Ascoltate molti dischi di musica classica?

   _____

C. Facciamo tutto. Answer each question using the correct form of **tutto.**

> *Esempio*   Arrivano gli invitati?
> *Sì, arrivano tutti gli invitati.*

1. Marco mangia la torta?

   _____

2. Il professore spiega le lezioni?

   _____

3. Paghi i conti?

   _____

4. Scrivete agli invitati?

   _____

D. *Ogni* al posto di *tutti(e).* Rewrite each sentence, replacing **tutti/tutte** with **ogni.**

> *Esempio*   Arrivate a scuola tutti i giorni?
> *Sì, arriviamo a scuola ogni giorno.*

1. La professoressa ripete tutte le spiegazioni?

   _____

2. Ascolti tutti i dischi di Laura Pausini?

   _____

3. Avete bisogno di tutti gli amici?

   _____

4. Lavori tutti i giorni?

   _____

Comprensione

CD2, TRACK 9

Troppo da fare! Modify each sentence by replacing the definite article with the correct form of **troppo**. Repeat each response after the speaker.

Esempio   Noi abbiamo i compiti.
            Noi abbiamo troppi compiti.

1. _____

2. _____

3. _____

4. _____

Ascoltiamo!

CD2, TRACK 10

A. Dettato. La festa di compleanno di Gabriella. Listen as Filippo describes Gabriella's birthday party. His description will be read the first time at normal speed, a second time more slowly so that you can supply the missing words, and a third time so that you can check your work. Feel free to repeat the process several times if necessary.

Oggi Gabriella compie _____ anni, è un giorno _____

importante, ci sono _____ amici alla festa. Marcello porta

_____ bottiglie di spumante. Liliana porta dei _____ al

prosciutto mentre Antonio _____ la chitarra alla festa, perché lui è sempre al verde.

Io invece porto del _____ rosso e una _____ Motta.

Lucia prepara un _____ con le _____. È una bella festa!

CD2, TRACK 11

B. Gabriella organizza la sua festa di compleanno. Listen as Gabriella discusses with her mother how to organize her birthday party. Feel free to listen to the dialogue several times if necessary. Then answer the following questions.

1. Chi invita Gabriella?

_____

2. Perché Gabriella invita solo sei amici?

_____

3. Che antipasto prepara Gabriella?

_____

4. Chi porta l'arrosto?

_____

5. Chi porta i panini al prosciutto?

_____

6. Chi porta il dolce?

_____

Domanda personale

Che cosa porti alla festa di Gabriella?

_____

_____

Adesso scriviamo!

A. Una festa. You have decided to organize a potluck dinner to celebrate the beginning of the semester and get to know your new classmates. Write an e-mail to specify what each person should bring.

To get organized, complete the following chart planning the meal and indicating who can contribute to each course.

PRIMI PIATTI

Esempio   Carlo *porta del risotto.*

Laura _____

Matteo _____

Ornella _____

SECONDI PIATTI

Maria _____

Dario _____

Teresa _____

CONTORNI

Giovanna _____

Alessandro _____

Valeria _____

DOLCI

Lorenzo _____

Elisabetta _____

BEVANDE

Antonella _____

Sergio _____

Gianni _____

Next, write your e-mail, using the information from your chart.

You can start like this:

Venerdì sera invito la classe di italiano a una festa.
Come primi piatti, Laura porta gli spaghetti al pomodoro, Matteo...

B. Come si dice in italiano?

1. Today Mr. and Mrs. Buongusto are eating in a restaurant.

2. The waiter brings the menu and says *(dice)*; "Today we don't have the roast veal, but we have very good **scaloppine al marsala**".

3. They order spaghetti with tomato sauce, two steaks, green salad, and a bottle of red wine.

4. While **(Mentre)** they are waiting, Mr. and Mrs. Buongusto talk about **(parlare di)** some friends.

5. We don't have many friends, but we do have good friends.

6. Why don't we invite Ornella and Paolo to **(a)** play tennis with us **(noi)** tomorrow? They are very good because they play every day.

7. Mr. Buongusto is very hungry and he eats a lot.

8. At the end Mr. Buongusto pays the bill.

9. "Are you forgetting (to forget = **dimenticare**) the tip for **(al)** the waiter?" asks Mrs. Buongusto.

Attualità: Dove andiamo a mangiare?

A. Prima di leggere. You are about to read three advertisements for Italian restaurants. Focus on what type of restaurant is being described in each case and on that basis decide what kinds of dishes it may serve.

TRATTORIA

Enzo & Piero

di MA.MI.MA. s.r.l.

Via Faenza, 105/r – 50123 FIRENZE

TEL. e FAX 21.49.01

VERA CUCINA CASALINGA   Cod. fisc. e part. IVA 00469830483

Paninoteca Arcobaleno

Birreria, gelateria, bar, caffè nel bel centro storico di Rimini!

Corso Garibaldi 37
47900 Rimini
Tel. 0541-93456
e Fax 0541-93457

Pizzeria "S. Lucia"

di SERVODIO e C. s.n.c.

PIAZZA MARTIRI DELLA LIBERTA 42   TELEFONO (0185) 287163
16038 SANTA MARGHERITA LIGURE

Cod. Fisc. 009677 40 101   P.IVA 00174650994
Reg. Soc. Ttrib. Chiavari No 2470/2514   C.C.I.Aa. di Genova No 232569

B. Alla lettura. Now suggest what dishes each restaurant is likely to serve by making selections from the list below:

Tortellini alla panna / pizza margherita / scaloppine / dolce della nonna / prosciutto e melone / pollo alla cacciatora / pizzetta / pasta alla bolognese / dolce tiramisù / vino Chianti / acqua minerale / aranciata / gelato / cannelloni alla napoletana / panino con arrosto / melanzane / bistecca / braciola ai ferri / pesce fritto / patate fritte / birra / panino caldo al prosciutto e formaggio

Trattoria Enzo e Piero: _____

Pizzeria «S. Lucia»: _____

Paninoteca Arcobaleno: _____

La famiglia 5

Parole da ricordare: L'albero genealogico

A. Chi è? Complete the following sentences with the appropriate family vocabulary.

1. Il padre di mia madre è mio _____.

2. La sorella di mia madre è mia _____.

3. Il figlio di mia madre è mio _____.

4. Il fratello di mio padre è mio _____.

5. I figli di mia zia sono i miei _____.

6. Le figlie di mia sorella sono le mie _____.

7. I genitori di mio marito sono i miei _____.

8. I figli dei miei figli sono i miei _____.

B. Giochiamo insieme! Can you find where the following words are hiding?

famiglia   mamma   cugini   figlio   nonno   zio   nubile

S	D	A	F	I	N	O
M	I	O	A	N	N	A
M	A	M	M	A	O	I
L	E	Z	I	O	N	E
A	C	U	G	I	N	I
F	I	G	L	I	O	E
N	U	B	I	L	E	I
A	R	I	A	E	N	O

La grammatica

1 Aggettivi e pronomi possessivi

Pratica

A. Dove sono le mie cose? Your roommate has cleaned your room. Ask him or her where your things are, using the appropriate form of the possessive adjective **il mio.**

Esempio   Dov'è *il mio* libro?

1. Dov'è _____ penna?

2. Dove sono _____ appunti?

3. Dov'è _____ quaderno d'italiano?

4. Dove sono _____ lettere?

B. Ad ognuno il suo! The following people are engaged in different activities. State what they're doing by completing each sentence with the correct form of the possessive adjective.

Esempio   Io vendo _____ macchina.
            *Io vendo **la mia** macchina.*

1. Noi facciamo _____ compiti.

2. Luisa legge _____ lettere.

3. Tu ripeti _____ domanda.

4. Tu e Maria finite _____ compiti.

5. Io vedo _____ compagne di classe.

6. Noi puliamo *(our)* _____ stanza.

C. L'articolo o no? Complete each sentence with the correct form of the possessive adjective, using the article when necessary.

Esempio   Noi vediamo _____ madre.
            *Noi vediamo **nostra** madre.*

1. Tu vedi _____ fratello.

2. Gino invita _____ sorelle.

3. Vedi spesso _____ zio?

4. Io porto al parco _____ sorellina.

5. Io do _____ esami domani.

6. Io vedo _____ cugina sabato.

D. A chi scrivono? Form a sentence stating to whom the following people are writing.

Esempio   Paolo (amico)
            Paolo scrive al suo amico.

1. Pinuccia (zia)

_____

2. il bambino (nonni)

_____

3. il signor Bettini (moglie)

_____

4. voi (professoressa)

_____

5. io (parenti)

_____

6. i nonni (tutti i nipoti)

_____

E. E il tuo? Answer each question using the appropriate possessive pronoun and substituting the word in parentheses. Follow the example.

Esempio   Mio padre lavora in una banca, e il tuo? (ufficio)
            Il mio lavora in un ufficio.

1. Mio fratello va all'università, e il tuo? (liceo)

   _____

2. La mia macchina è vecchia, e la tua? (nuova)

   _____

3. I miei professori sono simpatici, e i tuoi? (anche)

   _____

4. Mia madre è casalinga, e la tua? (impiegata)

   _____

5. Mio zio lavora in un ospedale, e il tuo? (scuola)

   _____

Comprensione

CD2, TRACK 12

A. Dove sono i libri degli studenti? Listen to the model sentence. Then form a new sentence by substituting the cue. Repeat each response after the speaker.

Esempio   Dov'è il mio libro? (tuo)
            Dov'è il tuo libro?

1. _____
2. _____
3. _____
4. _____
5. _____

CD2, TRACK 13

B. Tutti abbiamo un'amica simpatica. Restate each sentence using the verb **essere** and the appropriate possessive adjective. Then repeat the response after the speaker.

Esempio   Io ho un'amica simpatica.
            La mia amica è simpatica.

1. _____
2. _____
3. _____
4. _____
5. _____

2 Verbi irregolari in -ere e in -ire; sapere e conoscere

Pratica

A. Usiamo volere, potere, dovere e bere. Complete each sentence with the correct form of the verb in parentheses.

Esempio   (bere) Noi _____ alla tua salute.
              Noi **beviamo** *alla tua salute.*

1. (volere) Dove _____ andare voi sabato sera?

2. (bere) Che cosa _____ tu quando hai sete?

3. (dovere) Io _____ scrivere una lettera a mia madre.

4. (potere) Domani noi _____ fare una passeggiata.

5. (potere) Io non _____ venire alla tua festa.

6. (bere) Voi _____ troppo vino.

7. (dovere) Che cosa _____ fare voi per domani?

8. (volere) Tu _____ uscire con me sabato sera?

9. (potere) Loro non _____ studiare oggi.

10. (dovere) Noi _____ fare un viaggio in Italia.

B. Con volere, potere e dovere anche la frase cambia! Rewrite each sentence using the verbs in parentheses. Follow the example.

Esempio   (dovere) Esco con Carlo stasera.
              Devo uscire con Carlo stasera.

1. (volere) Mio padre conosce il mio amico.

_____

2. (potere) I miei suoceri non vengono alla festa.

_____

3. (dovere) Lucia va in biblioteca.

_____

4. (volere) Signora, beve tè o caffè?

_____

5. (potere) Voi non capite.

_____

6. (dovere) Che cosa fate stasera?

_____

C. Cosa devono fare gli studenti. Answer each question using the appropriate form of **dovere** plus the words in parentheses.

Esempio   Perché Gino non può partire? (dare un esame)
                Perché deve dare un esame.

1. Perché tu non puoi fare un viaggio? (comprare una casa)

   _____

2. Perché voi non potete studiare il tedesco? (studiare l'italiano)

   _____

3. Perché non possiamo andare in Italia? (finire gli studi)

   _____

4. Perché non posso dormire tutto il giorno? (lavorare in casa)

   _____

5. Perché tuo zio non può venire? (vedere il dottore)

   _____

D. Con chi escono gli studenti di Parma stasera? Complete each sentence with the correct form of **uscire.**

Esempio   Luca _____ con la sua ragazza.
                Luca esce con la sua ragazza.

1. Anna e Marco _____ con i loro amici.

2. Liliana _____ con sua sorella.

3. Tu e tua moglie _____ con i vostri fratelli.

4. Io _____ con mio marito.

5. Io e mio marito _____ con i miei genitori.

6. Tu _____ con tua cugina.

E. Come vengono a scuola in Italia? Complete each sentence with the correct form of **venire.**

Esempio   Io _____ in bici.
                Io vengo in bici.

1. Giancarlo _____ in autobus.

2. Anche Maria e Carla _____ in autobus.

3. Tu e Lucia _____ in macchina.

4. Io e Elisabetta _____ in treno.

5. Tu _____ a piedi.

F. Quale verbo? Complete each sentence with the correct form of **venire**, **uscire**, and **dire**.

Esempio   Franco _____ a Maria: buon viaggio!
            Franco dice a Maria: buon viaggio!

1. Questa sera alcuni miei parenti _____ alla festa.

2. Marta _____ a fare la spesa.

3. Che cosa _____ noi quando incontriamo un amico?

4. Mio padre _____ da Palermo.

5. Tutte le domeniche noi _____ per andare al ristorante.

6. Noi _____ all'università in macchina.

7. Che cosa _____ voi quando un amico parte?

8. Oggi io non _____ perchè fa freddo.

Comprensione

CD2, TRACK 14

A. Il sabato mattina a casa dei signori Rossi. Listen to the statements about what the members of the Rossi family are doing on Saturday morning. You will hear each statement twice. Indicate which form of **bere, dovere, potere,** or **volere** you hear in each sentence.

Esempio   You hear: Il signor Rossi deve andare al lavoro.
            You underline: vuole, <u>deve</u>, può, beve

1. vuole, deve, può, beve

2. vuole, deve, può, beve

3. vuole, deve, può, beve

4. vogliono, devono, possono, bevono

5. vogliono, devono, possono, bevono

6. vogliono, devono, possono, bevono

CD2, TRACK 15

B. Dobbiamo fare tante cose ma non possiamo e non vogliamo. Listen to the model sentence. Then form a new sentence by substituting the subject given. Repeat each response after the speaker.

1. Esempio
Io devo finire il lavoro. (tu)
Tu devi finire il lavoro.

1. _____   3. _____

2. _____   4. _____

2. Esempio
Io non posso partire. (tu)
Tu non puoi partire.

1. _____   4. _____

2. _____   5. _____

3. _____

CD2, TRACK 16

C. Cosa fanno nella famiglia di Marco? Listen to the model sentence. Then form a new sentence by substituting the subject given. Repeat each response after the speaker.

1. Esempio

Io dico delle cose interessanti. (tu)
Tu dici delle cose interessanti.

1. _____   3. _____
2. _____   4. _____

2. Esempio

Io esco tutte le sere. (tu)
Tu esci tutte le sere.

1. _____   4. _____
2. _____   5. _____
3. _____

Sapere o conoscere? Complete each sentence with the correct form of **sapere** or **conoscere**.

1. Tu _____ Marcello Scotti?
2. Noi _____ Roma molto bene.
3. Lo zio Baldo _____ raccontare storie divertenti.
4. Signora Lisi, Lei _____ mia madre?
5. Voi _____ bene che io sono stanco.
6. I miei genitori non _____ ascoltare i miei problemi.
7. Noi non _____ quando ritorna nostro padre.
8. Carlo _____ la *Divina Commedia*.
9. John non _____ parlare italiano.

Comprensione

CD2, TRACK 17

A. E tu, sai nuotare? Listen to the model sentence. Then form a new sentence by substituting the subject given as a cue. Repeat each response after the speaker.

Esempio   Io non so nuotare. (tu)
Tu non sai nuotare.

1. _____   3. _____
2. _____   4. _____

B. Chi conosce i parenti di Anna? Listen to the model sentence. Then form a new sentence by substituting the subject given as a cue. Repeat each response after the speaker.

Esempio   Io conosco i parenti di Anna. (tu)
            Tu conosci i parenti di Anna.

1. _____   3. _____

2. _____   4. _____

3 I pronomi diretti

Pratica

A. La giornata di Anna. Here's a list of some of the things Anna does during a typical day. Rewrite each sentence replacing the underlined words with a direct object pronoun.

Esempio   Prende <u>il caffè</u>.
            Lo prende.

1. Prepara <u>la colazione</u>.

_____

2. Vede <u>gli amici</u>.

_____

3. Beve <u>il caffè</u>.

_____

4. Fa <u>i compiti</u>.

_____

5. Pulisce <u>la sua stanza</u>.

_____

6. Fa <u>la spesa</u>.

_____

7. Invita <u>le sue amiche</u>.

_____

B. Dare risposte positive. Answer each question in the affirmative, according to the example.

Esempio   Mi porti al cinema?
            Sì, ti porto al cinema.

1. Ci inviti al ristorante?

_____

2. Mi aspetti alla stazione?

_____

3. Ci porti allo zoo?

_____

4. Ci vedi questa sera?

_____

5. Mi chiami alle cinque?

_____

Comprensione

CD2, TRACK 19

A. Le domande di Fulvio. Your friend Fulvio is asking if you plan to do the following things. Answer using the appropriate direct object pronoun. Then repeat the response after the speaker.

Esempio   Mi chiami domani?
Sì, ti chiamo domani.

1. _____

2. _____

3. _____

4. _____

CD2, TRACK 20

B. Chi inviti alla festa? You're giving a party, and your mother wants to know whom you're inviting. Answer by replacing the noun with the direct object pronoun. Then repeat the response after the speaker.

Esempio   Inviti Laura?
Sì, la invito.

1. _____

2. _____

3. _____

4. _____

5. _____

6. _____

CD2, TRACK 21

C. Rispondi di no. Gino and Luciano are asking if you plan to do the following things. Answer in the negative. Then repeat the response after the speaker.

Esempio   Ci vedi domani?
No, non vi vedo domani.

1. _____

2. _____

3. _____

4. _____

4 I mesi e la data

Pratica

Quando partono e quando ritornano? Write out the departure and arrival dates of each person, using a complete sentence.

Esempio   Piero: 26/12–3/1
                Piero parte il ventisei dicembre e ritorna il tre gennaio.

1. Mirella: 11/7–1/9

   _____

2. i signori Lamborghini: 15/4–21/6

   _____

3. Marcello: 14/8–31/10

   _____

4. il Presidente: 21/2–1/3

   _____

Comprensione

🎧 CD2, TRACK 22

A. Impariamo i mesi dell'anno. Repeat after the speaker.

I mesi dell'anno:

_____ _____ _____ _____ _____

_____ _____ _____ _____ _____

🎧 CD2, TRACK 23

B. Le vacanze degli Italiani. Listen to the statements about various Italian holidays and write down the day and month of each one. You will hear each sentence twice.

Esempio   You hear: Oggi è la festa del lavoro, è il primo maggio.
                You write: 1/5

1. _____
2. _____
3. _____
4. _____
5. _____
6. _____

CD2, TRACK 24

C. Impariamo le date in italiano! Repeat the following dates after the speaker.

1. nel 1918   nel 1989   nel 1945   nel 1492

2. il 25 luglio 1943   il 22 febbraio 1732   il 14 luglio 1789

3. il 25/12   il 1/11   il 14/2

Ascoltiamo!

CD2, TRACK 25

A. Dettato: la famiglia di Marco. Listen to the description of Marco's family. It will be read the first time at normal speed, a second time more slowly so that you can supply the missing words, and a third time so that you can check your work. Feel free to repeat the process several times if necessary.

La mia _____ non è molto numerosa, siamo solo in _____: mio

_____ Antonio, mia _____ Maria, mia _____ Anna éd io.

Mio padre è molto _____ e va spesso a fare giri in bici con gli _____. Lavora

come _____ per una ditta di computer. Mia madre è _____ e lavora nello stu-

dio di suo padre, mio _____ Giovanni. Anche il _____ di mia madre, lo zio

Gabriele, è avvocato. Mia madre lavora tanto ma _____ preparare delle cene squisite. Mia

_____ Anna studia medicina all'università di Padova, è molto _____ perché è

una facoltà _____. Anna ha molte _____ e spesso _____ con

loro il sabato sera. Loro _____ al cinema o a qualche concerto. Io sono un ragazzo

_____, studio lettere a Padova. I miei genitori _____ che sono diverso dal resto

della famiglia perché _____ la letteratura alla scienza.

CD2, TRACK 26

B. Una discussione in famiglia. Listen to the following conversation during a Sunday meal at Alessio's grandparents' house. Then answer the questions. You will hear the conversation twice.

1. Cosa prepara la nonna per pranzo?

_____

2. Chi prepara il tiramisù?

_____

3. Quando fa l'esame di matematica Alessio?

_____

4. Alèssio vede Sonia nel pomeriggio?

_____

5. Chi telefona spesso?

_____

6. Chi è nello studio? Perché Alessio li chiama?

_____

7. Chi porta i tortellini in tavola?

_____

Domanda personale

Tu vedi spesso i tuoi parenti e i tuoi nonni? Pranzate insieme la domenica?

_____

_____

Adesso scriviamo!

A. La descrizione di un/a parente *(relative).* One of your assignments for a sociology course you are taking is to write a description of a member of your immediate or extended family. Decide whom you would like to describe and consider how you can make your description as complete and as interesting as possible.

Answer the following questions to organize your thoughts.

1. Chi è? uno zio, una zia? un cugino, una cugina? Come si chiama?

_____

2. Dove abita?

_____

3. Quanti anni ha?

_____

4. Com'è? (fisicamente e di carattere)

_____

5. Ha una moglie/un marito? Ha figli?

_____

6. Dove lavora/studia?

_____

7. Che cosa fate insieme?

_____

8. Perché preferisci questo parente?

_____

Now organize your answers into three paragraphs. You may want to start each paragraph with a sentence along these lines:

1. **Mio zio Franco è il fratello di...**

2. **Mio zio è molto simpatico...**

3. **Noi facciamo dei giri in bici, andiamo a...**

B. Come si dice in italiano?

1. How many people are there in your *(fam sing.)* family?

2. Only four: my father, my mother, my little brother, and myself **(io).**

3. Where do they live?

4. They live in Minneapolis.

5. If you finish working early **(presto),** why don't you come to my party tonight? It is at my house.

6. I'm sorry but I can't, because I have to meet a friend.

7. Do I know him?

8. No. He is a quiet young man, but always happy. He also knows how to play the guitar **(la chitarra)** wonderfully.

9. Is he your boyfriend?

10. Yes, and he wants to meet my family.

11. What do your parents say?

12. They say that we are too young and that we must wait.

Attualità

A. Prima di leggere. You are about to read a short passage comparing contemporary and traditional Italian families. Focus on the differences and similarities as you read, so that you will be able to summarize them afterwards in your own words.

La famiglia italiana

La famiglia italiana è cambiata negli ultimi *(last)* trent'anni. Dalla struttura numerosa tradizionale, con cinque o sei figli, ora si è passati ad una famiglia con uno o due figli. Oggi in Italia tutti e due i genitori generalmente lavorano. Le mogli e madri non lavorano solo in casa ma spesso hanno un lavoro fuori casa.

L'Italia è cambiata da Paese **prevalentemente** *(mostly)* agricolo a Paese industriale, ma esistono ancora **tracce** *(traces)* della famiglia tradizionale: i membri della famiglia mangiano **ancora** *(still)* almeno un pasto insieme al giorno, tutti **seduti** *(seated)* a tavola. Il pranzo o la cena sono un'occasione di dialogo per stare insieme. Spesso uno dei nonni vecchi abita con un figlio. Generalmente i nonni abitano vicino ai loro figli, o almeno nella stessa città.

I membri di una famiglia hanno forti **legami affettivi** *(emotional bonds)* anche se non vivono **più** *(any more)* nella stessa casa come **una volta** *(once)*. Gli Italiani **aiutano** *(help)* i membri della **propria** *(own)* famiglia nel lavoro e nelle difficoltà economiche.

B. Alla lettura

1. Quando è cambiata la famiglia italiana?

2. Quanti figli c'erano *(there were)* nella famiglia del passato *(past)* e quanti figli ci sono nella famiglia di oggi?

3. Le madri, in generale, lavorano solo in casa? Perché no?

4. Oggi l'Italia è un Paese prevalentemente agricolo?

5. Quando si ritrovano *(they meet)* i membri della famiglia?

6. Dove abitano spesso i nonni?

7. I membri della famiglia sono molto uniti? Come lo dimostrano *(they show it)*?

Buon viaggio! 6

Parole da ricordare: Arrivi e partenze

A. Gioco di abbinamento. Match the vocabulary and expressions of column A with their correct definitions of column B.

A	B
1. fare il biglietto	**a.** _____ un viaggio breve
2. annullare	**b.** _____ cancellare
3. la gita	**c.** _____ un autobus per turisti
4. all'estero	**d.** _____ non prendere il treno
5. perdere il treno	**e.** _____ dove c'è il controllo del passaporto
6. la dogana	**f.** _____ fuori dal proprio (*own*) Paese
7. il pullman	**g.** _____ comprare un biglietto

B. In viaggio. Complete the following sentences with the appropriate vocabulary word.

1. Quando un posto non è occupato è _____.

2. Se faccio una crociera viaggio in _____.

3. L'Alitalia è una _____.

4. Per essere sicuro(a) di trovare un posto faccio la _____.

5. Se vado all'estero ho bisogno del _____.

6. Se voglio andare e tornare faccio un biglietto di _____.

7. Se ho bisogno di qualcosa (*something*) in aereo chiamo l' _____.

La grammatica

1 Il passato prossimo con *avere*

Pratica

A. Cosa hanno fatto oggi gli studenti? Some students are talking about what happened or what they did today. Complete each sentence with the appropriate form of the **passato prossimo** of the verb in parentheses.

1. (ricevere) Io _____ un bel voto in italiano.

2. (finire) Paolo, _____ di studiare psicologia?

3. (dare) E voi, _____ l'esame di matematica?

4. (capire) Loro non _____ bene la spiegazione del professore.

5. (rispondere) Io non _____ a tutte le domande.

6. (dire) Che cosa _____ la professoressa?

7. (fare) _____ colazione tu, stamattina?

8. (studiare) Noi _____ cento pagine di storia.

9. (scrivere) Quante pagine _____ tu?

B. La signora Betti fa molte domande. The Bettis are on their way to Rapallo, and Mrs. Betti is worried about many things. Express this in questions using the **passato prossimo,** as in the example.

Esempio   (chiudere/porta)
            Hai chiuso la porta?

1. (perdere / scontrino / bagagli)

   _____

2. (dove / mettere / valigia)

   _____

3. (comprare / biglietto / andata e ritorno)

   _____

4. (mostrare / biglietti / controllore)

   _____

C. Le domande della tua compagna di stanza, Laura. Your friend Laura has returned from a trip and wants to know if you have done the things she asked you to do. Answer each question by replacing the underlined words with the appropriate object pronoun.

Esempio   Hai chiamato gli amici?
            Sì, li ho chiamati.

1. Hai lavato il frigo?

   _____

2. Hai fatto la spesa?

   _____

3. Hai comprato i bicchieri?

   _____

4. Hai scritto le cartoline?

   _____

5. Hai pulito il forno?

   _____

Comprensione

🎧 CD2, TRACK 29

A. Dove sono andati tutti? Listen to the model sentence. Then form a new sentence by substituting the subject given. Repeat the response after the speaker.

Esempio   Io sono andato a Roma. (tu)
Tu sei andato a Roma.

1. _____
2. _____
3. _____
4. _____

🎧 CD2, TRACK 30

B. Quando sono partiti tutti? Listen to the model sentence. Then form a new sentence by substituting the subject given and making any necessary changes. Repeat each response after the speaker.

Esempio   Quando è partita Lisa? (Marco)
Quando è partito Marco?

1. _____
2. _____
3. _____
4. _____
5. _____
6. _____

3 L'ora *(Time)*

Pratica

A. Che ore sono? Write out the following times.

Esempio   (6:20 P.M.)
Sono le sei e venti di sera.

1. (4:15 A.M.) _____
2. (1:00 A.M.) _____
3. (12:00 P.M.) _____

4. (2:30 P.M.) _____
5. (7:55 P.M.) _____

B. A che ora? Your parents are asking questions about a friend who's coming to visit for a few days.

Esempio   A che ora si sveglia *(wakes up)* Giuseppe? (7:00)
Si sveglia alle sette.

1. A che ora fa colazione? (8:45)

_____

2. A che ora esce? (9:15)

_____

3. A che ora ritorna per il pranzo? (12:30)

_____

4. A che ora va a letto la sera? (11:00)

_____

Comprensione

 CD2, TRACK 31

A. Leggiamo l'ora. Read each of the following times, then repeat after the speaker.

Esempio   6:15
             Sono le sei e un quarto.

1. 4:20   **4.** 3:15

2. 2:30   **5.** 10:45

3. 12:00 P.M.

 CD2, TRACK 32

B. A che ora? In each of the following conversations a time is mentioned, indicate which conversation corresponds to which of the following clocks. Each conversation will be repeated twice.

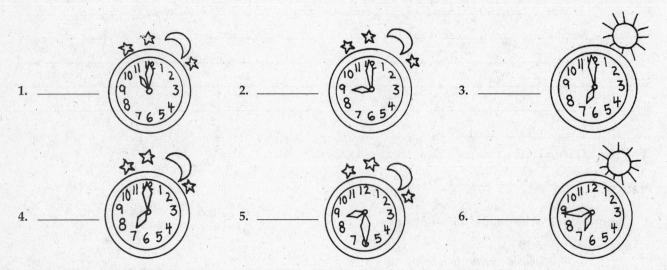

1. _____   2. _____   3. _____

4. _____   5. _____   6. _____

4 Usi *di a, in, da* e *per*

Pratica

A. La giornata di Lisa Carter. Complete the following paragraphs with the prepositions **a, in,** and **da,** and the definite article when necessary.

Lisa Carter studia _____ Italia e vive _____ Bologna, con gli zii italiani. Tutte le mattine

la zia di Lisa va _____ mercato _____ fare la spesa; va sempre _____ piedi, ma

ritorna spesso _____ autobus.

B. Perché gli amici di Luisa fanno queste cose? Write why the people below are doing certain things by using per + infinitive.

Esempio Luisa studia perché desidera imparare.
Studia per imparare.

1. Luigi sta attento perché desidera capire tutto.

 _____

2. Io vendo la FIAT perché desidero comprare una Ferrari.

 _____

3. Carlo va all'università perché desidera prendere una laurea in lingue.

 _____

4. Io e Luisa ritorniamo a casa perché desideriamo mangiare.

 _____

Comprensione

CD2, TRACK 33

A. Cosa ha fatto oggi Mariella? Luisa is asking Mariella about her activities. Re-create Mariella's answers, using the cue and following the example. Then repeat the response after the speaker.

Esempio Dove sei stata stamattina? (scuola)
Sono stata a scuola.

1. _____
2. _____
3. _____
4. _____

CD2, TRACK 34

B. Cosa preferiscono fare i compagni di Bianca? Bianca is asking her classmates about their preferences. Use the cue to re-create each answer. Then repeat after the speaker.

Esempio Preferisci vivere in Italia o in Francia? (Italia)
Preferisco vivere in Italia.

1. _____
2. _____
3. _____
4. _____

Ascoltiamo!

 CD2, TRACK 35

A. Dettato: La luna di miele (*honeymoon*) di Anna e Marco. Listen to the description of Anna and Marco's honeymoon. It will be read the first time at normal speed, a second time more slowly so that you can supply the appropriate forms of the missing verbs in the **passato prossimo**, and a third time so that you can check your work. Feel free to repeat the process several times if necessary.

Anna e Marco _____ per la loro luna di miele due settimane fa. _____

in molte città italiane e europee. _____ le gondole di Venezia e il Duomo di Milano,

e _____ anche a trovare i parenti che abitano a Torino, così _____

un vecchio zio, fratello della nonna di Marco. _____ Torino con lui e _____

il risotto con i tartufi a casa sua. Poi _____ il treno per La Spezia e _____ a

Rapallo. _____ a Rapallo per due giorni, Anna _____ un libro e Marco

_____ il sole tutto il tempo, ora sono proprio rilassati. _____ a Torino,

da dove _____ il treno di notte per Parigi, _____ a Parigi due giorni e poi

_____ a Londra. Anna _____ molto in inglese e Marco _____

perché lui non lo parla bene. _____ a casa in Sicilia in aereo.

 CD2, TRACK 36

B. Il racconto di Anna. Anna is visiting her grandmother and telling her about her honeymoon. Listen to their conversation and then answer the following questions.

1. Come si chiama il cugino della nonna?

_____

2. Dove ha portato Marco?

_____

3. Che cosa ha preparato la zia?

_____

4. Dove hanno mangiato del pesce buonissimo?

_____

5. Che cosa hanno fatto a Venezia?

_____

6. Com'è stato il viaggio?

_____

Domanda personale

Sei mai stato(a) a Venezia? Sei d'accordo con Anna?

_____

Adesso scriviamo!

A. Le tue preferenze di viaggio. Write a two-paragraph composition about how you like to travel. In your first paragraph, discuss what kind of travel you prefer, what kinds of arrangements you like to make, and with whom you like to travel. In your second paragraph, talk about where you like to go and what you like to do when traveling.

Answer the following questions to provide the information you will use in your composition.

1. Come preferisci viaggiare: in treno, in macchina o in aereo? Perché?

_____

2. Quando viaggi in aereo, viaggi in prima classe? Perché?

_____

3. Preferisci fare viaggi lunghi o brevi?

_____

4. Vai in un'agenzia di viaggi o prepari il tuo viaggio da solo(a)?

_____

5. Porti molte o poche valigie?

_____

6. Viaggi da solo(a) o con amici o con la famiglia?

_____

7. Preferisci andare a trovare la famiglia, gli amici o andare a rilassarti?

_____

8. Qual è la tua destinazione preferita? Perché?

_____

Now organize your information into two paragraphs. You might begin your first paragraph with a sentence along these lines:

Preferisco viaggiare in aereo perché così arrivo subito…

B. Come si dice in italiano?

1. I'm very tired because I didn't sleep much last night.

2. Why? Did you work late **(fino a tardi)**?

3. No, I came home five hours ago from a one-week trip to New York with my aunt Jane.

4. Did you travel by plane or train?

5. By plane. But I didn't have to buy a **(il)** ticket. My Aunt Jane bought two first-class tickets, and our trip was very comfortable.

6. Did she reserve a room in a hotel?

7. No, we stayed at my grandparents' house, as we often **(spesso)** do.

8. I don't know New York. How is it?

9. It's a great city with theaters and elegant shops. However, there are too many people **(la gente [sing.])** and life isn't very easy.

Attualità: Un diario di viaggio

A. Prima di leggere. You are about to read Stephen and Jennifer's travel journal about their backpacking trip to Italy. This excerpt recounts their arrival and visit to the town of Assisi. Before reading the paragraph, find this town on a map of Italy and familiarize yourself briefly with Saint Francis, who is closely associated with Assisi and its basilica. With a little background information, you will find it easier to understand and enjoy the reading.

Partenza

Partenza da New York (ore 16.25) per Francoforte (ore 8.00 del giorno dopo) per poi ripartire (ore 11.00) per Firenze (ore 12.20 ora locale, **cioè** *(that is)* 6 ore in più di New York). Voli con Lufthansa (tutto). Dopo un rapido controllo dei passaporti, abbiamo recuperato le valigie. Poi siamo andati a prendere l'autobus che dall'aeroporto porta alla stazione dei treni di Santa Maria Novella di Firenze. Alla stazione abbiamo preso il treno delle 14.30 per Assisi.

Arrivo ad Assisi: l'albergo

Alle otto di sera siamo arrivati al nostro albergo nel centro di Assisi. L'hotel «Il Palazzo» è un edificio del **sedicesimo** *(sixteenth)* secolo ed è situato in una posizione strategica per chi, come noi, ama girare a piedi. L'hotel è stato completamente ristrutturato (il nostro giudizio: molto buono). In una guida recente ho trovato scritto che non è in condizioni ottimali per lo standard europeo. Non è vero! È veramente **accogliente** *(welcoming)*, pulito, tranquillo. Siamo andati subito a farci un giro per la città, e a vedere la Basilica di San Francesco.

A cena al ristorante

Verso le nove e trenta avevamo fame, così abbiamo deciso di trovare un buon ristorante. L'albergatore ci ha detto di andare alla trattoria Pallotta. Siamo andati e l'abbiamo trovata nel centro storico di Assisi. Abbiamo voluto provare il loro menù di cucina locale. Io ho ordinato i crostini al paté di **fegatini** *(liver)*. Anna invece ha preso i raviolini di ricotta e spinaci. Poi abbiamo mangiato **la lepre** *(hare)* alla cacciatora con le patate arrosto e un'insalata verde. Alla fine abbiamo assaggiato la torta «alla pallotta», buonissima, preparata con le **noci** *(walnuts)*. Abbiamo bevuto del buon vino umbro della casa. Siamo ritornati in albergo verso le 23.30, ma non siamo andati subito a dormire, perche abbiamo fatto il programma per il giorno dopo.

B. Alla lettura. Read the following questions and underline where you find each answer in the above paragraph. Then answer each question in your own words, with a complete sentence.

Partenza

1. A che ora sono partiti da New York?

   _____

2. In quale città tedesca ha fatto scalo l'aereo?

   _____

3. In quale città sono atterrati (*landed*)?

   _____

4. Che cosa hanno recuperato in aeroporto?

   _____

5. Come sono andati dall'aeroporto alla stazione dei treni di Santa Maria Novella?

   _____

Arrivo ad Assisi: l'albergo

6. Come si chiama e dove si trova il loro albergo?

   _____

7. Com'è l'albergo?

   _____

A cena al ristorante

8. Dove sono andati a cenare? Che cosa hanno ordinato?

   _____

9. A che ora sono ritornati all'albergo?

   _____

10. Sono andati a dormire subito? Perché no?

   _____

Soldi e tempo 7

Parole da ricordare: Albergo–Banca–Telefono

A. Il gioco degli anagrammi. Cambiate la posizione delle lettere per scoprire le parole.

Esempio   LLSOETO
             OSTELLO

1. RBELAGO   _____

2. NESONEPI   _____

3. REMAAC   _____

4. TERONAREP _____

5. RAMIREF   _____

B. Andiamo in vacanza. Completate le seguenti frasi con le parole della lista: **camera singola, una camera doppia, noleggiare una macchina, un ostello della gioventù, una pensione, con aria condizionata, un ufficio cambio, mostrare la carta d'identità.**

1. Quando vado in vacanza da solo(a) prenoto una _____.

2. Se voglio guidare *(to drive)* devo _____.

3. Uno studente giovane prenota una camera in _____.

4. Quando vado in vacanza con mia moglie (mio marito) prenoto _____.

5. Se sono in Italia e voglio comprare degli euro vado in _____.

6. In agosto prenoto una camera _____.

7. Se non voglio spendere molti soldi prenoto una camera in _____.

8. Per cambiare i soldi in banca devo mostrare _____.

9. Quando telefono in un'altra città o in un altro Paese ho bisogno del _____.

10. Quando il telefono non è libero, è _____.

11. Quando telefono a un amico, e lui non è a casa, lascio un messaggio sulla _____.

La grammatica

1 I verbi riflessivi e reciproci

Pratica

A. Franco fa domande sul suo nuovo compagno di stanza. Your brother is moving into an apartment with your friend, Franco, who is asking questions about his habits. Answer each question according to the example.

> *Esempio*   Io mi alzo presto, e lui?
> *Anche lui si alza presto.*

1. Io mi diverto la sera, e lui?

_____

2. Io mi preparo la colazione, e lui?

_____

3. Io mi lavo in venti minuti, e lui?

_____

4. Io mi addormento tardi, e lui?

_____

B. Cosa fanno le persone nella famiglia di Luigi e Carla? Complete each sentence with the correct form of the reflexive verb in parentheses.

> *Esempio*   (divertirsi) Io e Luigi _____ tutte le sere.
> *Io e Luigi **ci divertiamo** tutte le sere.*

1. (alzarsi) I nostri genitori _____ tardi.

2. (addormentarsi) _____ presto, tu?

3. (riposarsi) Renzo e Lucia _____ la domenica.

4. (arrabbiarsi) Il professore non _____ mai.

5. (svegliarsi) Mia madre _____ tardi.

6. (vestirsi) _____ rapidamente, tu?

C. Cosa sperano di fare i nostri conoscenti (*acquaintances*)? A friend is asking you about some people you both know. Begin each answer with **Sperano di...**

> *Esempio*   Si divertono i tuoi amici?
> *Sperano di divertirsi.*

1. Si sposano i tuoi cugini?

_____

2. Si fermano a Roma i tuoi zii?

_____

3. Si preparano per la partenza i tuoi amici?

_____

4. Si fidanzano Pino e Lia?

_____

D. Che cosa vi fate l'un l'altro? Answer each question in the affirmative, using the reciprocal construction.

Esempio   Tu e Pietro vi vedete?
Sì, ci vediamo.

1. Tu e i tuoi cugini vi scrivete?

_____

2. Tu e il tuo avvocato vi telefonate?

_____

3. Tu e i tuoi amici vi incontrate?

_____

4. Tu e i tuoi nonni vi parlate?

_____

Comprensione

CD3, TRACK 2

A. Tu e il tuo amico/la tua amica fate le seguenti cose? Someone is asking if you and your friend do the following things. Answer in the affirmative. Then repeat the response after the speaker.

Esempio   Vi divertite alle feste?
Sì, ci divertiamo alle feste.

1. _____
2. _____
3. _____
4. _____
5. _____

CD3, TRACK 3

B. E tu (voi) cosa fai (fate)? Ask the question that would elicit each of the following answers. Then repeat after the speaker.

Esempio   Io non mi diverto al cinema.
Ti diverti al cinema tu?

1. _____
2. _____
3. _____
4. _____

2 Il passato prossimo con i verbi riflessivi e reciproci

Pratica

A. Trasformiamo al passato. Change each sentence to the **passato prossimo.**

Esempio   Gina si alza presto.
                Gina si è alzata presto.

1. Giovanna si diverte al cinema.

_____

2. Noi ci svegliamo presto.

_____

3. Teresa e Lucia si annoiano.

_____

4. Tu ti arrabbi.

_____

5. Io mi riposo.

_____

6. Tu e il tuo amico vi vestite bene.

_____

B. Hai fatto queste cose? A friend calls and asks if you did the following things. Answer using the reciprocal construction in the **passato prossimo.**

Esempio   Hai telefonato a tuo padre?
                Sì, ci siamo telefonati.

1. Hai visto la tua ragazza?

_____

2. Hai incontrato il professore?

_____

3. Hai scritto a tuo cugino?

_____

4. Hai parlato a tua madre?

_____

Comprensione

CD3, TRACK 4

A. La giornata di Filippo. Listen to the scrambled description of what Filippo did yesterday and match each sentence with the appropriate drawing. Each sentence will be repeated twice.

a. _____

b. _____

c. _____

d. _____

e. _____

f. _____

1.

2.

3.

4.

5.

6.

CD3, TRACK 5

B. Tutti si sono divertiti alla festa ieri sera. Listen to the model sentence. Then form a new sentence by substituting the subject given. Repeat each response after the speaker.

Esempio   Io mi sono divertito ieri sera. (Franca)
Franca si è divertita ieri sera.

1. _____

2. _____

3. _____

4. _____

5. _____

6. _____

CD3, TRACK 6

C. Formiamo frasi reciproche. Form a complete sentence using the cues and the reciprocal construction in the past tense. Then repeat each response after the speaker.

Esempio   (Carlo e Teresa / scriversi)
Carlo e Teresa si sono scritti.

1. _____

2. _____

3. _____

4. _____

5. _____

3 I pronomi indiretti

Pratica

A. Rispondiamo alle domande di papà. Your father wants to know if you and your brother Matteo are doing the following things. Answer each question by replacing the underlined words with the appropriate indirect object pronoun.

Esempio   Telefonate <u>alla mamma</u>?
              Sì, le telefoniamo.

1. Rispondete <u>agli zii</u>?

   _____

2. Parlate <u>alla vostra professoressa</u>?

   _____

3. Scrivete <u>ai parenti</u>?

   _____

4. Telefonate <u>alla zia Giuseppina</u>?

   _____

5. Rispondete <u>a vostro cugino Pietro</u>?

   _____

6. Telefonate <u>al dottore</u>?

   _____

7. Scrivete <u>a vostra madre e a me</u>?

   _____

8. Scrivete <u>a vostra nonna</u>?

   _____

B. Risposte al passato. Answer each question by replacing the underlined words with an indirect object pronoun.

Esempio   Hai scritto <u>a Teresa</u>?
              Sì, le ho scritto.

1. Hai telefonato <u>a Franco</u>?

   _____

2. Hai risposto <u>alla professoressa</u>?

   _____

3. Hai scritto <u>a Mariella</u>?

   _____

4. Hai parlato <u>al dottore</u>?

   _____

5. Hai telefonato <u>ai tuoi amici</u>?

   _____

C. Quando? Filippo wants to know when you and Gino did the following things. Answer using the cue in parentheses and replacing the underlined words with the appropriate object pronoun.

> *Esempio*   Quando <u>ci</u> avete telefonato? (ieri)
> *Vi abbiamo telefonato ieri.*

1. Quando avete risposto <u>a me e a Roberto</u>? (due giorni fa)

   _____

2. Quando avete scritto <u>a Teresa</u>? (la settimana scorsa)

   _____

3. Quando <u>ci</u> avete mandato gli auguri? (ieri)

   _____

4. Quando <u>mi</u> avete telefonato? (un mese fa)

   _____

5. Quando avete risposto <u>ai vostri genitori</u>? (sabato)

   _____

6. Quando avete invitato <u>me e Roberto</u>? (tre giorni fa)

   _____

Comprensione

CD3, TRACK 7

A. A chi scriviamo? Answer each question, replacing the noun with the appropriate indirect object pronoun. Then repeat the response after the speaker.

> *Esempio*   Scrivi a Luigi?
> *Sì, gli scrivo.*

1. _____
2. _____
3. _____
4. _____
5. _____

CD3, TRACK 8

B. Usiamo il formale. Answer each question using the formal indirect object pronoun. Then repeat the response after the speaker.

> *Esempio*   Professore, mi scrive?
> *Sì, Le scrivo.*

1. _____
2. _____
3. _____
4. _____

4 Pronomi con l'infinito e *ecco*!

Pratica

A. Ho dimenticato di farlo! Answer each question beginning your sentence with **Ho dimenticato di...** and replacing the underlined words with the appropriate object pronouns.

> *Esempio* Hai chiamato Lucia?
> *Ho dimenticato di chiamarla.*

1. Hai comprato le banane?

   _____

2. Hai chiuso la porta?

   _____

3. Hai telefonato a Matteo?

   _____

4. Hai parlato a Stefania?

   _____

5. Hai cercato il numero di telefono?

   _____

6. Hai invitato gli zii a pranzo?

   _____

B. Dove sono queste cose? Eccole! Your roommate asks you where the following things are. You point them out to him (her).

> *Esempio* Dov'è la calcolatrice?
> *Eccola!*

1. Dov'è l'elenco telefonico? _____

2. Dove sono i tovaglioli di carta? _____

3. Dove sono le uova? _____

4. Dov'è il giornale di oggi? _____

5. Dov'è la lista della spesa? _____

6. Dove sono le chiavi? _____

Comprensione

CD3, TRACK 9

A. Ecco il panorama della città! Your parents have come to visit, and you're showing them the sights of the city. After you hear each cue, use **ecco** and the appropriate pronoun to make a statement. Then repeat the response after the speaker.

> *Esempio* il monumento di Verdi
> *Eccolo!*

1. _____

2. _____

3. _____

4. _____

Nome _____ Data _____ Classe _____

CD3, TRACK 10

B. L'infinito con i pronomi diretti. Your sister is going shopping and wants to know if she should buy the following items. Answer her, replacing the noun with the appropriate direct object pronoun. Then repeat the response after the speaker.

Esempio   Devo comprare la carne?
           Sì, devi comprarla.

1. _____
2. _____
3. _____
4. _____

CD3, TRACK 11

C. L'infinito con i pronomi indiretti. Answer each question by replacing the noun with the appropriate indirect object pronoun. Then repeat the response after the speaker.

Esempio   Devo parlare al professore?
           Sì, devi parlargli.

1. _____
2. _____
3. _____
4. _____

Ascoltiamo!

CD3, TRACK 12

A. Dettato: La giornata all'università di Michela. Listen to Michela's description of her day. She is a student at the University of Venice, where she studies English and French. Her comments will be read the first time at normal speed, a second time more slowly so that you can supply the missing reflexive verbs and times, and a third time so that you can check your work. Feel free to repeat the process several times if necessary.

Stamattina _____ alle _____ perché ho dovuto andare a prendere il treno delle _____ da Padova per andare all'università Ca' Foscari di Venezia. _____ una buona colazione di latte e cereali, _____ una giacca perché alle _____ fa fresco e sono andata alla stazione in bici alle _____ . Il treno è arrivato puntuale come sempre al terzo binario e siamo arrivati a Venezia alle _____ .

La prima lezione è stata quella di francese e _____ , poi sono andata alla lezione di letteratura alle _____ e _____ perché ha sempre parlato il professore. A _____ , per pranzo, ho incontrato Michele, il mio ragazzo, _____ e _____ e poi siamo andati alla mensa universitaria. Lì abbiamo incontrato Luisa e Carlo e abbiamo pranzato tutti insieme.

Alle _____ io e Luisa siamo andate in biblioteca e Carlo e Michele invece hanno avuto lezione di economia. Alle _____ _____ tutti alla stazione e abbiamo preso il treno per tornare a Padova. Poi _____ e la sera alle _____ .

B. I consigli di un buon padre. Listen as Filippo's father gives him advice about his future, then answer the following questions. His father's comments will be repeated twice.

1. Perché Filippo deve fermarsi?

   _____

2. In che cosa deve laurearsi?

   _____

3. Cosa deve fare quando cerca un lavoro?

   _____

4. Cosa deve fare tutte le mattine?

   _____

5. Cosa non deve fare al lavoro?

   _____

6. Cosa deve fare se vuole divertirsi?

   _____

7. Cosa può fare la sera?

   _____

Domanda personale

Sei d'accordo con il padre di Filippo? Ci sono altre cose che deve o non deve fare?

_____

_____

Adesso scriviamo!

A. La mia giornata. You are attending a university far from home and the semester has just started. Your best friend from home is a little concerned about you and would like to know what you do during the day. You decide to send her an e-mail describing a typical day.

Answer the following questions to help begin to organize your thoughts.

1. A che ora ti alzi?

_____

2. Ti prepari la colazione? Cosa prendi?

_____

3. A che ora vai all'università / al lavoro?

_____

4. Come vai all'università / al lavoro?

_____

5. Chi incontri?

_____

6. Di che cosa parlate?

_____

7. A che ora ritorni a casa?

_____

8. Che cosa fai per divertirti la sera?

_____

Now organize your responses in a paragraph that presents your day in chronological order, using appropriate time expressions. You may begin like this:

Caro(a) amico(a) mi alzo...

B. Come si dice in italiano?

1. Marco e Vanna got married three years ago.

2. Marco found a good job at the Fiat plant (**fabbrica**), and his wife continued to (**a**) work at the bank.

3. One day, two months ago, Marco lost (his) job, and their life became very difficult.

4. For a few weeks Marco looked for a new job, but without success.

5. Finally, last Thursday, he phoned his father's friend, Anselmo Anselmi, and told him that he was looking for (**cercava**) a job.

6. They met, and Anselmo offered him a job with (**nella**) his company (**ditta**).

7. Now, every morning Marco and his wife get up at 6:00; they wash and get dressed in a hurry.

8. They only have time to (**di**) drink a cup of coffee. Then they say good-bye to each other (**salutarsi**) and go to work.

to find   trovare

success   il successo

Attualità: Il Consiglio d'Europa

A. Prima di leggere. You are about to read information about the **Consiglio d'Europa** (Council of Europe), the continent's oldest political organization. Although the text focuses on the Council's current role and objectives, you will find it helpful to keep in mind, as you read, the following historical and background information: The Council was founded in 1949. It is Europe's oldest political organization. It was established to promote European unity and awareness of a European identity, to defend human and democratic rights based on the rule of law, and to develop basic continent-wide agreements governing the member countries. Its job and aims have become more complex and wide-reaching over the years, as you will discover.

Il Consiglio d'Europa

Il Consiglio d'Europa è la prima organizzazione politica europea. È un'organizzazione separata dall'Unione Europea, ma tutti i Paesi che partecipavano al Consiglio d'Europa sono diventati membri dell'UE. Il Consiglio d'Europa si è costituito nel 1949, con dieci nazioni. **In seguito** (*later on*), molti altri Paesi hanno aderito. Nel 1990, dopo la **caduta del muro** (*fall of the wall*) di Berlino, altri Paesi hanno chiesto di partecipare. Oggi 46 Paesi fanno parte del Consiglio d'Europa. La **sede** (*headquarters*) del Consiglio è in Francia, nella città di Strasburgo.

Alcuni degli **obiettivi** (*objectives*) del Consiglio d'Europa sono:

- proteggere i diritti dell'uomo e della democrazia pluralista;
- affermare l'identità e la diversità culturale dei Paesi europei;
- identificare e risolvere i problemi che le società di oggi hanno in comune: la xenofobia, le **tossicodipendenze** (*drug additions*), i problemi delle **minoranze** (*minorities*), i problemi ecologici, ed altri problemi;
- promuovere le riforme politiche che garantiscono la stabilità dei Paesi europei.

Il Consiglio d'Europa **si occupa** (*deals*) dei problemi più rilevanti della società europea, come i problemi della **sanità** (*health*), dell'**infanzia** (*childhood*), della scuola, eccetera.

Gli Stati membri finanziano il Consiglio d'Europa. Il comitato dei Ministri prende le decisioni, il Segretario Generale controlla le attività. Le lingue ufficiali sono l'inglese e il francese.

B. Alla lettura

Now answer the following questions:

a. Dov'è la sede del Consiglio d'Europa?

_____

b. Chi controlla le attività?

_____

c. Chi finanzia il Consiglio?

_____

d. Quali sono le lingue ufficiali?

_____

_____

Mezzi di diffusione 8

Parole da ricordare: Stampa–Televisione–Cinema

A. Gioco di abbinamento. Match the words on list A with their correct definitions on list B.

A

1. _____ lo scrittore/la scrittrice
2. _____ il (la) giornalista
3. _____ il telegiornale
4. _____ il romanzo rosa
5. _____ il romanzo giallo
6. _____ la trama
7. _____ il (la) regista
8. _____ l'attore/l'attrice

B

a. Una persona che scrive articoli per un giornale o una rivista.
b. Un racconto lungo che tratta di una storia d'amore.
c. La storia di un racconto o di un film.
d. La persona che interpreta un personaggio in un film.
e. La persona che dirige un film.
f. La persona che scrive racconti o romanzi.
g. Un racconto che tratta di un mistero.
h. Un programma televisivo con le notizie.

B. Alla TV. Complete the sentences with the correct vocabulary expression.

1. Se voglio vedere una videocassetta ho bisogno del _____ .
2. Per cambiare canale uso il _____ .
3. Se voglio ascoltare le notizie guardo il _____ .
4. La persona che presenta le notizie si chiama l' _____ .
5. Un programma per bambini è un _____ .
6. Se non mi piace un programma cambio _____ .
7. Quando ho finito di guardare devo spegnere il _____ .

La grammatica

1 L'imperfetto

Pratica

A. Cosa facevamo anni fa? Answer the following questions, using each subject in parentheses and changing the verb form accordingly.

1. Chi diceva bugie? (Pinocchio, i bambini, anche tu)

   _____

   _____

2. Chi faceva sempre viaggi? (tu, io, i due senatori, noi)

   _____

   _____

3. Chi era stanco di ascoltare? (la gente, noi, anche voi)

   _____

   _____

B. La mattina di Lucio. Lucio is describing to a friend how things were this morning when he went out. Change each sentence to the imperfect tense.

1. Sono le otto.

   _____

2. È nuvoloso e fa freddo.

   _____

3. La gente ha l'ombrello e cammina frettolosamente (*hurriedly*).

   _____

4. Gli autobus sono affollati.

   _____

5. I bambini vanno a scuola.

   _____

Comprensione

CD3, TRACK 14

A. Cosa faceva la nonna di Marta? Listen to Marta's grandmother as she describes what she used to do when she was younger, then indicate which of the following statements are true (**vero**) and which are false (**falso**). You will hear the description twice.

	vero	falso
1. Andava a scuola in autobus.	_____	_____
2. Prendeva latte e pane per colazione.	_____	_____
3. A pranzo tornava a casa.	_____	_____
4. Pranzava con i compagni.	_____	_____
5. Mangiavano la carne e il pesce.	_____	_____
6. Giocavano un po' nel cortile della chiesa.	_____	_____
7. Faceva i compiti da sola.	_____	_____
8. C'era un tutore.	_____	_____
9. Prendeva il tè alle cinque.	_____	_____
10. Guardava la televisione.	_____	_____
11. Studiava o aiutava la mamma prima di cena.	_____	_____
12. Abitava solo con i suoi genitori.	_____	_____
13. Tutta la famiglia abitava nella stessa grande casa.	_____	_____

CD3, TRACK 15

B. Ripetiamo con un soggetto diverso. Listen to the model sentence. Then form a new sentence by substituting the noun or pronoun given and making all necessary changes. Repeat each response after the speaker.

Esempio Quando io avevo dieci anni, preferivo giocare. (tu)
Quando tu avevi dieci anni, preferivi giocare.

1. _____
2. _____
3. _____
4. _____

2 Contrasto tra imperfetto e passato prossimo

Pratica

A. Una volta *(once)* **o sempre?** Change each sentence to the **imperfetto** or **passato prossimo** according to the expression in parentheses.

Esempio   Piove. (tutti i giorni)
                   Pioveva tutti i giorni.

1. Prendo l'autobus. (di solito)

   _____

2. Il papà ci racconta una favola. (ogni sera)

   _____

3. Prendiamo l'autobus. (sempre)

   _____

4. Si arrabbia con noi. (stamattina)

   _____

5. Ci vediamo. (il 23 aprile)

   _____

6. Ritornano presto. (ogni giorno)

   _____

7. Ritornano tardi. (qualche volta)

   _____

8. Andiamo al cinema. (il sabato)

   _____

9. Andiamo a una riunione politica. (sabato scorso)

   _____

10. Uscite. (ieri sera)

   _____

B. Sono andato o andavo? Complete each sentence in the **imperfetto** or the **passato prossimo** according to the meaning.

1. eri sera io (andare) _____ a teatro; (esserci) _____ molta gente.

2. Quando Paolo (ritornare) _____ dagli Stati Uniti, i suoi genitori lo (aspettare) _____ all'aeroporto.

3. Quando noi (arrivare) _____ dai Morandi, i bambini (giocare) _____, mentre lui e lei (leggere) _____ delle riviste.

4. Ieri sera noi (leggere) _____ dalle nove a mezzanotte; poi (andare) _____ a letto.

5. Tutte le estati la famiglia (passare) _____ un mese di vacanza in montagna.

C. Perché hanno fatto queste cose? Form complete sentences stating the reasons for the actions of the following people.

> *Esempio*   (Dino/vendere la macchina/avere bisogno di soldi)
> *Dino ha venduto la macchina perché aveva bisogno di soldi.*

1. (Maria/mettersi un golf/avere freddo)

   _____

2. (io/restare a casa/non stare bene)

   _____

3. (tu/vestirsi in fretta/essere tardi)

   _____

4. (i signori Brunetto/cenare prima del solito/aspettare gli amici)

   _____

5. (noi/fermarsi/esserci molta gente sul marciapiede)

   _____

6. (Pietro/prendere l'impermeabile/nevicare)

   _____

Comprensione

CD3, TRACK 16

A. Cambiamo le frasi dall'imperfetto al passato prossimo. Change each sentence to the **passato prossimo** as in the example. Then repeat the response after the speaker.

> *Esempio*   Di solito votavo per i repubblicani.
> *Anche ieri ho votato per i repubblicani.*

1. _____
2. _____
3. _____
4. _____

CD3, TRACK 17

B. Cosa ti ha detto il tuo amico americano? During your stay in Italy you met an American student. Now you're telling a friend what he told you about himself. Use the cue to form each sentence. Then repeat the response after the speaker.

> *Esempio*   Mi ha detto che lavorava in un bar. (vivere con amici)
> *Mi ha detto che viveva con amici.*

1. _____
2. _____
3. _____
4. _____
5. _____

3 Il trapassato prossimo

Pratica

A. Che cosa era successo prima delle elezioni? Answer each question, using the cue in parentheses and the trapassato prossimo.

1. Perché il candidato era scontento? (perdere le elezioni)

   _____

2. Perché il Primo Ministro era stanco? (avere troppe riunioni)

   _____

3. Perché i due studenti festeggiavano con lo spumante? (laurearsi)

   _____

4. Perché voi avevate sonno? (andare a letto tardi)

   _____

5. Perché la signora era felice? (ritornare dall'ospedale)

   _____

6. Perché la gente rideva? (sentire una barzelletta [joke])

   _____

Comprensione

CD3, TRACK 18

Tutti avevano già mangiato. The following people didn't eat because they had already done so. Re-create their statements by substituting the subject given and making all necessary changes. Repeat each response after the speaker.

> *Esempio*   Io non ho mangiato perché avevo già mangiato. (noi)
> *Noi non abbiamo mangiato perché avevamo già mangiato.*

1. _____

2. _____

3. _____

4. _____

4 I pronomi tonici

Pratica

Quando i pronomi sono importanti diventano tonici. Answer each question using the appropriate disjunctive pronoun.

> *Esempio*   Esci con Mariella?
> *Sì, esco con lei.*

1. Abiti vicino a Luciano?

   _____

2. Questa lettera è per noi?

   _____

3. Vai da Pietro e Carlo questa sera?

   _____

4. Abiti vicino ai tuoi genitori?

   _____

5. Vieni con me questa sera?

   _____

6. Il regalo è per me?

   _____

Comprensione

CD4, TRACK 19

A. Per chi sono i regali? You've bought many presents, and Linda wants to know for whom they're intended. Answer using the disjunctive pronoun. Then repeat the response after the speaker.

> *Esempio*   La borsa è per tua madre?
> *Sì, è per lei.*

1. _____
2. _____
3. _____
4. _____
5. _____

CD4, TRACK 20

B. Con chi parli? Roberto doesn't understand to whom you're talking and asks you to be more specific. Answer each question using the appropriate disjunctive pronoun. Then repeat the response after the speaker.

> *Esempio*   Parli a Giuseppe?
> *Sì, parlo a lui.*

1. _____
2. _____
3. _____
4. _____

5 Piacere

Pratica

A. Impariamo il verbo Piacere. Form a sentence using the cues according to the example.

Esempio   (Mario/viaggiare) *A Mario piace viaggiare.*
             (i bambini/i dolci) *Ai bambini piacciono i dolci.*

1. (Arturo/la montagna)

   _____

2. (mio padre/i soldi)

   _____

3. (il mio amico/la letteratura)

   _____

4. (il mio professore/Firenze)

   _____

5. (il mio gatto/i pesci)

   _____

6. (gli studenti/le vacanze)

   _____

B. Vi sono piaciuti i regali di nozze? Tommaso and Filomena got married. Giuseppe asks them if they liked the presents they received.

Esempio   (la televisione) *Ci è piaciuta.*

1. (i piatti)

   _____

2. (le lampade)

   _____

3. (la scrivania)

   _____

4. (il vaso cinese)

   _____

5. (le tazze)

   _____

6. (il libro di cucina)

   _____

Comprensione

🎧 CD4, TRACK 21

A. Conosciamoci! Your new friend Giovanni wants to know you better. Answer in the affirmative or in the negative according to the cue. Then repeat the response after the speaker.

Esempio   Ti piace nuotare? (sì)
             Sì, mi piace.

1. _____
2. _____
3. _____
4. _____

🎧 CD4, TRACK 22

B. Cosa piace al tuo migliore amico? Lisa is going to buy a present for her boyfriend, who happens to be your best friend. She needs to know what he likes. Answer in the affirmative or in the negative, according to the cue. Then repeat the response after the speaker.

Esempio   (un libro/sì) *Sì, gli piace.*
             (dei cioccolatini/no) *No, non gli piacciono.*

1. _____
2. _____
3. _____
4. _____
5. _____

Ascoltiamo!

🎧 CD4, TRACK 23

A. Dettato: Leggiamo «Io ho paura». Listen to the description of a short contemporary Italian novel. It will be read the first time at normal speed; a second time more slowly so that you can supply the missing words, including verbs in the **passato prossimo, trapassato prossimo,** and **imperfetto;** and a third time so that you can check your work. Feel free to repeat the process several times if necessary.

Il _____ racconta la storia di un bambino di undici anni: Michele Perotto.

   Michele _____ con i suoi amici sulla collina un po' lontano dal loro paese

piccolissimo di Pojana. I bambini _____ una competizione, _____

correre su per la collina fino al punto più alto. Michele _____ ultimo perché sua sorella

Maria _____ e lui _____ ad aiutarla. Quando

_____ sulla collina _____ una casa molto vecchia. Michele

_____ nella casa e quando _____ dall'altra parte,

_____ un buco (*hole*) dove _____ un bambino nascosto. Michele

non l' _____ agli altri bambini.

   Mentre _____ a casa Michele _____ preoccupato perché

_____ tardi e _____ che la mamma probabilmente

_____ arrabbiata, _____ già _____ l'ora del

pranzo.

   Quando Michele _____ il bambino nel buco _____ la sua

avventura, fino a quando scopre tutta la verità alla fine della storia.

Story based on the novel «Io non ho paura» written by Niccolò Ammaniti.

Capitolo 8   La grammatica   ■   **95**

CD4, TRACK 24

B. Il dialogo tra Michele e suo padre. Michele's father has just found out that Michele knows about the child hidden on the hill. The father has decided to talk to Michele in his room. Listen to the dialogue repeated twice and then complete the following activity.

1. Perché il padre vuole parlare con Michele?

   _____

2. È vero che Michele non ha fatto niente oggi?

   _____

3. Chi ha detto al padre che Michele è andato sulla collina?

   _____

4. Che cosa ha detto Michele al bambino?

   _____

5. Perché il padre è arrabbiato?

   _____

6. Da quanto tempo va Michele sulla collina? Con chi? Quante volte è andato?

   _____

   _____

7. Che cosa promette al padre?

   _____

Domanda personale

Desideri leggere questo romanzo contemporaneo? Perché sì, perché no?

_____

_____

Adesso scriviamo!

A. La mia storia personale. You have to write a paper about your childhood for your Human Growth and Development psychology course.

Answer the following questions with complete sentences to organize your ideas.

1. Come andavi a scuola?

   _____

2. Con chi giocavi?

   _____

3. A che cosa giocavate?

   _____

4. Che programmi guardavi alla TV?

   _____

5. Che cosa mangiavi?

_____

6. Che cosa leggevi?

_____

7. Cosa facevi la domenica?

_____

8. Cosa volevi diventare?

_____

Now organize your homework in three paragraphs using your answers to the above questions. You may begin each paragraph along these lines:

1. Quand'ero bambino(a) andavo a scuola in bicicletta...

2. Alla TV guardavo i cartoni, il mio preferito si chiamava...

3. La domenica andavo sempre dai nonni con i miei genitori... e da grande volevo diventare un astronauta.

B. Come si dice in italiano?

1. Last week I went to a movie with my friend Laura.

2. Laura wanted to see an old, romantic movie, a classic. She said they were showing *Casablanca* at a movie theater downtown.

3. I had a lot of homework, and I had already seen the movie, but I had not seen Laura since her birthday, so I decided to go with her.

4. While we were coming out of the movie theater, we met John, an old friend of mine. We used to go to the same high school.

5. Since it was early, we invited John to come with us to have **(prendere)** an ice cream at our favorite gelateria, where they had the best **(migliore)** ice cream in town. We knew John likes ice cream.

6. I asked John if he was attending the university or if he was working.

7. He said he was attending the university and it was his last year. He was planning **(progettare)** to travel for three months at the end of the school year.

8. It was 8:00 o'clock and it was beginning to rain. Since we had an umbrella, we decided to walk home in the rain **(sotto la pioggia).**

since	dal / poiché
to rain	piovere
umbrella	l'ombrello
to walk	andare a piedi
while	mentre

Attualità: Tre festival del cinema

A. Prima di leggere. You are about to read reviewers' comments about three major film festivals that take place in Italy or at which Italians are represented. Before you read, to get an overview of the content, simply look at the names of the three festivals. Are you familiar with any of these festivals already? What do you think is the focus of each festival?

Far East film festival

Il Far East film festival, alla sua **settima** (*seventh*) edizione, ci presenta il cinema d'Oriente: film presentati dalla Cina, Hong Kong, Corea del Sud, Giappone, Thailandia, Taiwan, e da altri paesi asiatici. Oltre ai film ci sono le discussioni, alcune dedicate ai maestri della fotografia. Uno di questi è Fujita Toshiya, che è presente al festival con il suo film «Lady Snowblood». Il Far East film festival ha la **durata** (*length*) di una settimana.

Future film festival

Al Future film festival, a Bologna, abbiamo visto delle belle **anteprime** (*previews*), e abbiamo rivisto dei film che erano **già** (*already*) stati presentati con successo a Venezia. Il film «Gaya», una delle anteprime, è un film di animazione, ed è una coproduzione di alcuni paesi europei. Si prevede che avrà un successo simile a quello del film di produzione americana, «Shrek».

Cannes 2005: L'Italia è presente con un film

Al Festival di Cannes 2005 l'Italia partecipa con il film «Quando sei nato non puoi più **nasconderti** (*hide yourself*)». È un film di Marco Tullio Giordana che è in competizione con registi di fama internazionale. Aspettiamo con impazienza di conoscere il **vincitore** (*winner*).

B. Alla lettura. Read the descriptions of the festivals one more time and underline where you can find the answers to the following questions. Then answer each question in your own words.

1. A che edizione è il Far East film festival?

   _____

2. Perché si chiama «Far East film festival»?

   _____

3. In quale città è il Future film festival? Che cosa vediamo?

   _____

4. Che tipo di film è «Gaya»? È un film di produzione americana?

   _____

5. Quale film italiano fa parte del festival di Cannes?

   _____

La moda 9

Parole da ricordare: Articoli di abbigliamento

A. Cosa ci mettiamo? Write at least four clothing items for each category.

1. Estate *(Summer):*

_____

_____

_____

_____

2. Inverno *(Winter):*

_____

_____

_____

_____

3. Accessori

_____

_____

_____

_____

B. Un abito per ogni occasione. Answer the following questions with complete sentences.

1. Cosa ti metti quando hai caldo?

_____

2. Cosa ti metti quando piove?

_____

3. Cosa ti metti per andare a teatro?

_____

4. Cosa ti metti per andare in palestra *(gym)*?

_____

5. Cosa ti metti per andare a una festa con amici?

_____

6. Cosa ti metti quando hai freddo?

La grammatica

1 L'imperativo

Pratica

A. Tu inviti i tuoi amici. Invite your friends to do the following things with you.

> *Esempio*   (andare al cinema)
> *Andiamo al cinema!*

1. (fare colazione)

_____

2. (ascoltare dei CDs)

_____

3. (prendere un aperitivo)

_____

4. (giocare a tennis)

_____

B. Rispondi con un comando ad un amico/un'amica. Give the **tu** form of the imperative in response to the following questions.

> *Esempio*   Posso venire domani?
> *Vieni!*

1. Posso uscire? _____

2. Posso entrare? _____

3. Posso spedire la lettera? _____

4. Posso parlare? _____

5. Posso partire stasera? _____

C. Dai! Non fare sempre così! Invite your friend to do the opposite of what he or she is doing.

> *Esempio*   Ha fretta.
> *Non avere fretta!*

1, Compra troppi vestiti.

_____

2. È sempre in ritardo.

_____

3. Sta a letto quando piove.

_____

4. Promette cose che non può mantenere *(to keep)*.

_____

5. Dice troppe bugie *(lies)*.

_____

6. Porta troppe valigie quando viaggia.

_____

D. Siamo gentili! Give the formal imperative of each verb.

> *Esempio*   (partire)
> *Parta!*

1. _____ (provare questo vestito)

2. _____ (non partire oggi)

3. _____ (prendere una misura più grande)

4. _____ (non andare in quel negozio)

5. _____ (fare attenzione)

6. _____ (avere pazienza)

7. _____ (venire alla sfilata di moda)

8. _____ (non essere in ritardo)

9. _____ (dare la carta di credito alla commessa)

10. _____ (pagare alla cassa)

Comprensione

🎧 CD3, TRACK 25

A. Invita gli amici a fare le seguenti cose. Invite some friends to do the following things using each verb given, as indicated in the example. Then repeat the response after the speaker.

> *Esempio*   entrare
> *Entrate!*

1. _____

2. _____

3. _____

4. _____

🎧 CD3, TRACK 26

B. Invita Alberto a non fare queste cose. Tell your friend Alberto not to do the following things. Then repeat the response after the speaker.

> *Esempio*   uscire stasera
> *Non uscire stasera!*

1. _____

2. _____

3. _____

4. _____

5. _____

2 L'imperativo con un pronome (diretto, indiretto o riflessivo)

Pratica

A. Comandi informali e i pronomi. Ask your roommate to do the following things for you. Incorporate the pronoun **mi** in every response.

> *Esempio*   **1.** aspettare
> *Aspettami!*
>
> **2.** prendere il giornale
> *Prendimi il giornale!*

1. dire la verità

_____

2. dare la guida della TV

_____

3. fare un favore

_____

4. comprare le banane

_____

5. ascoltare quando parlo

_____

B. Comandi informali a tua sorella. Your sister is going shopping; she asks you if she should get the following things.

> *Esempio*   Prendo le pere? (sì)
> *Sì, prendile!*

1. Prendo i grissini? (no)

_____

2. Prendo le uova? (sì)

_____

3. Prendo il burro? (no)

_____

4. Prendo i biscotti? (sì)

_____

5. Prendo l'aranciata? (sì)

_____

C. L'imperativo plurale e i pronomi. You're in charge of your two little brothers. Ask them to do, or not to do, the following things.

> *Esempio*   prepararsi per la scuola
> *Preparatevi per la scuola!*

1. svegliarsi

_____

2. lavarsi bene le orecchie

_____

3. vestirsi rapidamente

_____

4. mettersi la giacca di lana

_____

5. non annoiarsi in classe

_____

D. Consigli ad un amico/un'amica. Your best friend is asking you for advice.

> *Esempio*   Devo telefonare alla mia ragazza? (sì)
> *Sì, telefonale!*

1. Devo parlare al professore? (sì)

_____

2. Devo scrivere a Marisa? (no)

_____

3. Devo rispondere agli zii? (sì)

_____

4. Devo domandare scusa a mio fratello? (sì)

_____

5. Devo telefonare all'avvocato? (no)

_____

6. Devo chiedere a Laura se viene con noi? (sì)

_____

E. Cambiamo le frasi al formale! Change the following sentences from the familiar to the formal form of the imperative.

Esempio   Parlale!
             Le parli!

1. Scrivimi! _____

2. Fammi un favore! _____

3. Dalle la ricetta! _____

4. Non telefonargli, scrivigli! _____

5. Alzati presto domani mattina! _____

6. Non invitarli a pranzo, invitali a cena! _____

7. Regalale un libro di cucina! _____

Comprensione

CD3, TRACK 27

A. Mangia, Pietro! Your friend Pietro wants to eat everything in sight. Answer his questions, as in the example. Then repeat the response after the speaker.

Esempio   Posso mangiare la torta?
             Mangiala!

1. _____

2. _____

3. _____

4. _____

CD3, TRACK 28

B. Facciamolo insieme! Invite your sister to join you in doing the following things. Replace the noun with the appropriate pronoun. Then repeat the response after the speaker.

Esempio   parlare alla mamma
             Parliamole!

1. _____

2. _____

3. _____

4. _____

CD3, TRACK 29

C. Ora al plurale! Your parents have gone away for the weekend, and you're in charge of your two younger brothers. Tell them what they have to do. Then repeat the response after the speaker.

Esempio   alzarsi
Alzatevi!

1. _____

2. _____

3. _____

4. _____

3 Aggettivi e pronomi dimostrativi

Pratica

A. Cosa preferisce Antonio? You're going shopping with your friend Antonio to buy him a gift. Ask him which item he prefers by using the elements given and the appropriate form of **questo** and **quello.** Follow the example.

Esempio   (completo grigio/giacca blu)
Preferisci questo completo grigio o quella giacca blu?

1. (maglione di lana/cravatta di seta)

   _____

2. (portafoglio di pelle/CD di Pavarotti)

   _____

3. (radio [f.] giapponese/calcolatrice elettronica)

   _____

4. (macchina fotografica/televisore americano)

   _____

B. Impariamo ad usare «Quello». Answer each question using the appropriate form of the adjective **quello.**

Esempio   Quale vestito hai ammirato?
Ho ammirato quel vestito.

1. Quali stivali hai provato?

   _____

2. Quale completo ti sei messo(a) ieri?

   _____

3. In quale macchina sei venuto(a)?

   _____

4. Quali impiegati hai salutato?

   _____

5. A quale commessa hai parlato?

   _____

C. Quale preferisce? Rispondiamo usando «Quello». Indicate your choice in each of the following situations by substituting the appropriate form of the pronoun **quello** for the noun. Answer in a complete sentence.

1. È la notte di San Silvestro (*New Year's Eve*) e Lei vuole divertirsi: Preferisce uscire con amici tristi o con amici allegri (*cheerful*)?

   _____

2. Fa freddo e Lei ha solamente due vestiti, uno leggero e l'altro pesante: Quale preferisce mettersi?

   _____

3. È impiegato(a) e ha la possibilità di scegliere (*choose*) fra un capoufficio molto nervoso e un altro calmo e paziente: Quale preferisce scegliere?

   _____

Comprensione

CD3, TRACK 30

A. Vendiamo questi vestiti! Imagine that you are working in a fashionable Italian boutique. Advertise your products, using the cue and following the example. Then repeat the response after the speaker.

Esempio　　Questo vestito è elegante. (borsetta)
　　　　　　Questa borsetta è elegante.

1. _____
2. _____
3. _____
4. _____
5. _____

4 Le stagioni e il tempo

Pratica

A. In che stagione siamo? Answer each question in a complete sentence.

1. In quale stagione gli alberi perdono le foglie (*leaves*)?

   _____

2. Qual è la stagione preferita dagli appassionati di sci (*ski*)?

   _____

3. Quale stagione aspettano impazientemente tutti gli studenti?

   _____

4. In quale stagione arriva Pasqua (*Easter*)?

   _____

5. In quale stagione è nato(a) Lei?

   _____

B. Che tempo fa? Choose one of the following expressions to complete each sentence.

fa caldo / fa freddo / fa bel tempo / piove / c'è nebbia / nevica / c'è vento

1. Roberto porta un golf di lana perché _____.

2. Simonetta si è messa un abito leggero perché _____.

3. La signora esce con l'ombrello perché _____.

4. I bambini si sono messi gli stivali e il cappotto perché _____.

5. Dino procede lentamente con la macchina perché _____.

6. Il dottor Lisi non si è messo il cappello (*hat*) perché _____.

7. Le ragazze escono per una passeggiata a piedi perché _____.

C. Parliamo del tempo al passato. Answer each question as in the example.

Esempio   Piove a Torino? (ieri)
   No, ma è piovuto ieri!

1. Nevica sulle Alpi? (tutta la settimana)

   _____

2. Fa brutto tempo in Riviera? (domenica scorsa)

   _____

3. Tira vento fuori? (questa mattina)

   _____

4. Fa caldo lì? (in agosto)

   _____

5. C'è nebbia oggi? (tutto ieri)

   _____

6. C'è il sole adesso? (per qualche ora)

   _____

Comprensione

🎧 CD3, TRACK 31

A. Impariamo le stagioni. Repeat after the speaker.
Le stagioni:

_____

_____

_____

_____

🎧 CD3, TRACK 32

B. Il tempo non è così. Form a new sentence by substituting the cue. Then repeat the response after the speaker.

Esempio   Questa mattina fa bel tempo. (fa brutto tempo)
              Questa mattina fa brutto tempo.

1. _____
2. _____
3. _____
4. _____
5. _____
6. _____

Ascoltiamo!

🎧 CD3, TRACK 33

Dettato: Alessandra fa le valigie. Alessandra is going to Italy for a semester to study Italian and art history at a university in Florence. Listen as she tells what she is packing in her suitcase. You will hear her comments the first time at normal speed, a second time more slowly so that you can supply the missing words, and a third time at normal speed so that you can check your work. Feel free to repeat the process several times if necessary.

Domani parto per Firenze, che bello, non vedo l'ora! Oggi devo _____ e devo pensare a che _____ è e com'è il _____ a Firenze. Ora siamo in _____ e fa _____ ma resto a Firenze fino a Natale e in _____ e _____ fa _____ a Firenze. Allora, adesso posso portare una _____ estiva, con la _____ rossa e i _____ ma non devo dimenticare gli _____ e il _____. Però devo mettere in valigia dei vestiti per l'_____ e l'_____. Vediamo... devo mettere i _____, le _____, delle _____, un _____ e l'_____. Per quando fa più _____ invece non devo dimenticare un _____, la _____ pesante e il _____. Devo anche portare i _____ e la _____. È così difficile pensare all'_____ quando fa ancora _____!

Adesso scriviamo!

A. Andiamo in vacanza Spring break is coming up and you will be taking a trip with friends. Before you leave, you need to do some shopping. Write an e-mail to your parents telling them about your plans and what you need to buy. Conclude by asking them if they can lend you the money you need for your purchases.

To organize your thoughts and write a persuasive e-mail, begin by considering the following questions:

1. Dove vai con i tuoi amici e per quanto tempo? Com'è il tempo? Hai organizzato qualche gita speciale—vedere degli amici, qualche chiesa, museo o fare qualche attività specifica?

2. Hai bisogno di comprare qualche articolo di abbigliamento speciale per il viaggio? Che cosa? Come giustifichi le tue spese ai tuoi genitori? Quanto costano questi nuovi articoli di abbigliamento? Trovi qualcosa (*something*) in svendita?

3. Chiedi ai tuoi genitori di rispondere alla tua e-mail appena possibile.

Now write an e-mail of three paragraphs based on your notes in the three sections above. Here is an example of how you might begin each part:

1. **Io e la mia amica Carla abbiamo deciso di andare a San Diego per le vacanze di primavera.**

2. **Ho bisogno di comprare un nuovo costume da bagno...**

3. **Per favore rispondete alla mia e-mail appena possibile perché...**

B. Come si dice in italiano?

1. Patrizia, let's go shopping today!

2. Oh, not today. It is raining and it is cold. Besides **(Inoltre)**, I went shopping yesterday.

3. Really, what did you buy?

4. I bought these black boots.

5. They are very beautiful. Next week I plan to **(penso di)** go shopping too **(anch'io)**. Come with me!

6. Yes. What would you like to buy?

7. I would like to buy a two-piece suit for my birthday.

8. Tell me when is your birthday. I know it is in May, but I forgot the exact **(esatta)** date.

9. I was born on June 17, 1984.

10. Oh, that's right! The other day I saw a beautiful silk blouse in Armani's window **(vetrina)**, and I am planning to buy that blouse for your birthday.

11. Thank you, Patrizia. I like a silk blouse, but don't spend too much money!

really?	davvero?
a two-piece suit	un completo
That's right!	È vero!

Attualità: Il gruppo Benetton

A. Prima di leggere. Il gruppo Benetton is one of the best known Italian clothing companies in the world. You will learn about this famous company in the passage below. Before you read it, think about what you may already know about Benetton. Have you ever seen a Benetton advertisement? Or have you shopped in a Benetton store? What is your impression of the company's focuses and styles?

Il nome Benetton è universalmente riconosciuto. L'abbigliamento prodotto da Benetton ha uno stile tipicamente italiano: pratico, ma elegante, con **tessuti** *(fabrics)* di eccellente qualità. Benetton offre un'ampia **scelta** *(choice)* nell'abbigliamento per uomo, donna e bambini: abiti eleganti, da portare in città, e abiti casual per le vacanze e lo sport.

L'attività del gruppo Benetton, iniziata nel 1965, si è estesa oggi in più di 120 Paesi del mondo, con negozi situati in posizioni strategiche nei centri delle maggiori città.

La **sede** *(headquarters)* centrale della Benetton è a Ponzano, non lontano da Venezia. Da qui partono tutte le direttive e le innovazioni del gruppo Benetton, che ha moltissimi dipendenti in tutto il mondo.

Il gruppo Benetton ha anche una squadra di basket: Benetton Basket.

B. Alla lettura. Read the paragraphs one more time and answer the following questions.

1. Com'è lo stile dell'abbigliamento Benetton?

   _____

2. Come sono i tessuti degli abiti Benetton?

   _____

3. Benetton offre solo abiti da portare in città?

   _____

4. Quando ha iniziato la sua attività il gruppo Benetton?

   _____

5. In quanti Paesi del mondo è presente il gruppo Benetton?

   _____

6. Dove sono situati i negozi Benetton?

   _____

7. Dov'è la sede del Gruppo?

   _____

8. Come si chiama la squadra di basket che il Gruppo possiede *(owns)*?

   _____

La casa 10

Parole da ricordare: La casa e i mobili

A. In che stanza? Indicate in writing where the following pieces of furniture and appliances should be in an apartment in Italy.

Esempio un letto
Lo metto in camera.

1. un lampadario

   _____

2. sei sedie

   _____

3. un televisore

   _____

4. uno specchio

   _____

5. un forno

   _____

6. un tappeto

   _____

7. un armadio

   _____

8. due poltrone

   _____

B. Giochiamo insieme! Solve the following crossword using the vocabulary from the chapter.

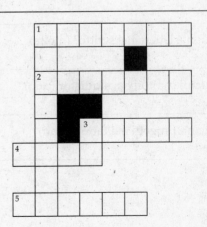

Le parole incrociate (*Crossword*)

Orizzontali (*Across*)

1. Quello orientale è molto elegante.
2. Lo paghiamo al padrone di casa.
3. Può essere singolo o matrimoniale.
4. La portiamo tutta con noi nel nostro nuovo appartamento.
5. Sono indispensabili per arredare la casa.

Verticali (*Down*)

1. Lo facciamo quando cambiamo casa.
3. Articolo femminile singolare.

La grammatica

1 Ne

Pratica

A. Conosciamo Claudio. Lisa wants to know many things about Claudio. Answer each of her questions using **ne** and the cue in parentheses.

Esempio   Ha degli amici? (molti)
             Sì, ne ha molti.

1. Ha una macchina? (una)

   _____

2. Ha dei parenti in Italia? (alcuni)

   _____

3. Ha dei cugini a Firenze? (due)

   _____

4. Ha degli esami oggi? (tre)

   _____

5. Ha dei soldi? (molti)

   _____

6. Ha dei problemi? (molti)

   _____

B. Cosa hai fatto mentre eri malato(a) *(ill)*? You sprained your ankle and have had to stay in bed for a few days. Your friend Luciano wants to know how you have been spending your time.

Esempio   Quanti libri hai letto? (due)
             Ne ho letti due.

1. Quante pizze hai mangiato? (quattro)

   _____

2. Quanti amici hai visto? (dieci)

   _____

3. Quante lettere hai scritto? (molte)

   _____

4. Quanti capitoli hai studiato? (uno)

   _____

5. Quanti progetti hai fatto? (tanti)

   _____

C. Che cosa deve comprare Anna? Anna is going grocery shopping and wants to know how much or how many of the following food items she should buy. Answer using **ne** and the cue in parentheses.

Esempio Quante bistecche devo comprare? (quattro)
      Devi comprarne quattro.

1. Quanta frutta devo comprare? (un chilo)

 _____

2. Quanto vino devo comprare? (due bottiglie)

 _____

3. Quante mele devo comprare? (otto)

 _____

4. Quanto zucchero devo comprare? (mezzo chilo)

 _____

Comprensione

CD4, TRACK 2

A. Rispondiamo con *ne*. Your girlfriend wants to know if you need the following people or things in order to be happy. Answer in the affirmative or in the negative using **ne**. Then repeat the response after the speaker.

Esempio Hai bisogno di un palazzo? (sì)
      Sì, ne ho bisogno.

1. _____
2. _____
3. _____
4. _____

CD4, TRACK 3

B. C'è posto anche per Riccardo nel nostro appartamento? Riccardo is considering moving into the apartment you're already sharing with a friend. Answer his questions using **ne**. Then repeat the response after the speaker.

Esempio Quante stanze avete? (quattro)
      Ne abbiamo quattro.

1. _____
2. _____
3. _____
4. _____

2 *Ci*

Pratica

A. Impariamo ad usare *ci*. Answer each question using **ci** and the cue in parentheses.

> *Esempio*   Quando sei andato(a) a San Francisco? (ieri)
> *Ci sono andato(a) ieri.*

1. Quando siete stati(e) a Firenze? (un anno fa)

_____

2. Quando è andato a New York Franco? (a settembre)

_____

3. Quando sei andato(a) dal dentista? (tre mesi fa)

_____

4. Quando siete arrivati(e) a Boston? (giovedì)

_____

B. Risponde il padrone di casa. You're inquiring about a furnished apartment for rent and want to know if the following things are in the apartment. Re-create the landlord's answers, using the affirmative or the negative according to the cue.

> *Esempio*   Ci sono delle sedie? (sì, quattro) / (no)
> *Sì, ce ne sono quattro. o No, non ce ne sono.*

1. Ci sono dei tavoli? (no)

_____

2. Ci sono delle poltrone? (sì, due)

_____

3. Ci sono dei divani? (sì, uno)

_____

4. Ci sono degli armadi? (no)

_____

5. Ci sono dei letti? (sì, tre)

_____

Comprensione

CD4, TRACK 4

A. Conosciamoci. Sergio and Lorenzo have decided to share Sergio's apartment. Now they are asking each other questions about their routines and preferences. As you listen, place a checkmark beside the number of each exchange in which **ci** is used. Each exchange will be repeated twice. .

Esempio   You hear: Sergio: Vai all'università in macchina?
                      Lorenzo: *No, ci vado in autobus.*
                      You write: ✓

1. _____   4. _____

2. _____   5. _____

3. _____   6. _____

CD4, TRACK 5

B. Com'è l'appartamento? Marco is inquiring about an apartment. Answer his questions using **ci** and **ne** and the cue. Then repeat the response after the speaker.

Esempio   Quante stanze ci sono? (tre)
                      Ce ne sono tre.

1. _____

2. _____

3. _____

4. _____

3 I pronomi doppi

Pratica

A. Come risponde il Signor Bianchi, il padrone di casa? Mr. Bianchi is renting his house. The tenant wants other features added to the rental and Mr. Bianchi agrees to almost everything.

Esempio   Signor Bianchi, mi affitta la casa?
                      Sì, gliela affitto.

1. Mi vende i mobili? (sì)

_____

2. Mi lascia il telefono? (sì)

_____

3. Mi regala la vecchia lavastoviglie? (sì)

_____

4. Mi firma il contratto? (sì)

_____

5. Mi presta la macchina? (no)

_____

B. Aiuti tuo padre ad affittare la casa al mare? Someone is going to rent your father's beach house, and your father wants to know if you've done the following things for the new tenant.

    Esempio   Gli hai mostrato la casa?
                      Sì, gliel'ho mostrata.

1. Gli hai dato il mio numero di telefono?

   _____

2. Gli hai mostrato i mobili?

   _____

3. Gli hai dato la chiave?

   _____

4. Gli hai presentato i vicini?

   _____

5. Gli hai lasciato il contratto?

   _____

C. Vai a trovare Arturo in montagna. You're going to visit Arturo at his mountain cabin. He forgot a few things and asks you to bring them.

    Esempio   Puoi portarmi i miei sci? (sì)
                      Sì, posso portarteli.

1. Puoi portarmi il mio maglione di lana? (sì)

   _____

2. Puoi portarmi il mio gatto? (no)

   _____

3. Puoi portarmi i miei scarponi *(hiking boots)*? (sì)

   _____

4. Puoi portarmi il mio sacco a pelo *(sleeping bag)*? (no)

   _____

5. Puoi portarmi le candele? (sì)

   _____

D. Cosa ti metti? What do you wear on cold, rainy days?

    Esempio   Ti metti il cappotto?
                      Sì, me lo metto.

1. Ti metti gli stivali?

   _____

2. Ti metti la giacca?

   _____

3. Ti metti l'impermeabile?

   _____

Comprensione

🎧 CD4, TRACK 6

A. Rispondiamo con i pronomi doppi. Franca is asking if you'll give her the following things. Answer in the affirmative, using double object pronouns. Then repeat the response after the speaker.

> *Esempio* Mi dai il libro?
> *Sì, te lo do.*

1. _____
2. _____
3. _____
4. _____

🎧 CD4, TRACK 7

B. Com'è l'appartamento delle cugine di Luisa e Marta? Luisa and Marta are visiting their cousins and are asking many questions. Answer their questions using the appropriate double object pronouns. Then repeat the response after the speaker.

> *Esempio* Ci mostrate l'appartamento?
> *Sì, ve lo mostriamo.*

1. _____
2. _____
3. _____
4. _____

🎧 CD4, TRACK 8

C. Usiamo i pronomi doppi con l'infinito. Answer each question in the affirmative, using double object pronouns. Then repeat the response after the speaker.

> *Esempio* Puoi darmi il libro d'italiano?
> *Sì, posso dartelo.*

1. _____
2. _____
3. _____
4. _____

4 I numeri ordinali

Pratica

A. Pratichiamo i numeri ordinali. Write complete sentences using the ordinal number in parentheses.

Esempio   (4ª pagina / libro)
            È la quarta pagina del libro.

1. (1ª parte [f.] / romanzo [novel])

_____

2. (3ª riga / pagina)

_____

3. (5º ragazzo / fila [row])

_____

4. (9ª domanda / esercizio)

_____

5. (10º giorno / mese)

_____

6. (15º anno / nostra collaborazione)

_____

7. (20º anniversario / loro matrimonio)

_____

8. (100ª parte / dollaro)

_____

9. (2ª settimana / gennaio)

_____

10. (7º piano [floor] / edificio)

_____

B. Ordiniamo gli eventi. Here's a list of things you're going to do today. Indicate their order of priority by placing an ordinal number in front of each activity.

Esempio   *primo:* alzarmi

_____: telefonare agli amici

_____: andare alla banca

_____: andare all'università

_____: studiare italiano

_____: vestirmi

_____: bere un succo di frutta

_____: fare colazione

_____: lavarmi

_____: leggere il giornale

_____: guardare la televisione

Comprensione

CD4, TRACK 9

A. Impariamo a pronunciare i numeri ordinali. Repeat each phrase after the speaker.

———————————————————————
———————————————————————
———————————————————————
———————————————————————
———————————————————————
———————————————————————
———————————————————————
———————————————————————
———————————————————————

CD4, TRACK 10

B. Qual è il numero ordinale? Give the ordinal number that corresponds to the cardinal number. Then repeat the response after the speaker.

Esempio   You hear: undici
          You say: undicesimo

———————————————————————
———————————————————————
———————————————————————
———————————————————————
———————————————————————
———————————————————————
———————————————————————

CD4, TRACK 11

C. Quando usiamo i numeri ordinali? Repeat the following names and centuries after the speaker.

1. Papa Giovanni XXIII; Vittorio Emanuele III; Luigi XVI
2. Il secolo XIII; Il secolo XVIII; Il secolo XX

Ascoltiamo!

🎧 CD4, TRACK 12

Dettato: Un appartamento signorile in centro a Firenze. Listen to the voice mail left for you by your roommate Franco describing an elegant apartment in the center of Florence. It will be read the first time at normal speed, a second time more slowly so that you can supply the missing words, and a third time so that you can check your work. Feel free to repeat the process several times if necessary.

Nel centro storico di Firenze, offro _____ signorile molto grande con tre

_____ da letto e doppi servizi. _____ è molto grande,

ben attrezzata e bene illuminata da due grandi _____. L'appartamento è

parzialmente ammobiliato: ci sono _____ e _____ in sa-

lotto, e anche una scrivania. Nella cucina c'è _____ con

_____ per otto persone. Ci sono _____ in ogni

_____. Se _____ vuole l'accesso all'Internet può

_____ telefonando alla compagnia del telefono. L'appartamento si trova al

_____ piano di un grande _____ in via Oliveto e

_____ abita nell'appartamento vicino. Al _____ del

palazzo c'è la cassetta della posta e ci vuole una piccola chiave per _____ .

Se _____ desidera tenere un animale domestico deve

_____ un deposito di 300 euro al momento del contratto. C'è

_____ per salire al _____ piano. Il

_____ si trova dietro _____ .

_____ è di 800 euro al mese. Per favore telefonare ore pasti al seguente numero e

chiedere di Paolo: 055-45679.

🎧 CD4, TRACK 13

B. Come è cambiata la casa italiana? Cristina is looking for an apartment to share with her university friends Simona and Carla. Listen as Cristina and her grandmother discuss her search for an apartment, and indicate whether the following statements are true (**vero**) or false (**falso**). Their conversation will be repeated twice.

	vero	falso
1. La ricerca di un appartamento va molto bene.	_____	_____
2. Gli appartamenti sono brutti.	_____	_____
3. L'affitto è molto alto.	_____	_____
4. Cristina preferisce vivere con i genitori.	_____	_____
5. Cristina preferisce dormire di più.	_____	_____
6. L'appartamento ha tre camere da letto.	_____	_____
7. La sala da pranzo è piccola.	_____	_____
8. Possono usare la sala da pranzo come studio.	_____	_____
9. Il frigo è nuovo e c'è la lavastoviglie.	_____	_____
10. Non c'è l'ascensore.	_____	_____
11. C'è un posto per le bici.	_____	_____
12. Alla nonna sembra una cattiva soluzione.	_____	_____
13. Cristina decide di firmare il contratto.	_____	_____

Domanda personale

Sei d'accordo con la decisione di Cristina? Quali sono i vantaggi e gli svantaggi? Scrivi due o tre frasi per spiegare il tuo punto di vista.

_____

_____

_____

Adesso scriviamo!

A. Annuncio di un appartamento. You are looking for a roommate and decide to advertise your apartment on your university's student website.

To organize the information for the three paragraphs of your advertisement fill out the following chart:

1. Luogo:	
2. Piano:	
3. Stanze:	
4. Bagni:	
5. Garage:	
6. Mobili:	
7. Lavatrice:	
8. Lavastoviglie:	
9. Animali:	
10. Affitto:	

Now organize the information from the chart in three paragraphs. In the first paragraph, describe the apartment and its rooms. In the second, describe the garage and the furnishings. In the third, indicate whether or not pets are allowed and what the rent is. You may begin each paragraph along these lines:

1. **Cerco compagno di stanza per condividere il mio appartamento al quarto piano di un nuovo palazzo vicino all'università...**
2. **Nel palazzo c'è un garage per due macchine...**
3. **È possibile avere degli animali domestici ma bisogna pagare una cauzione...**

B. Come si dice in italiano?

1. Guilia has been living (**abita**) in San Francisco for (**da**) a month with her friend Kathy, and now she wants to rent an apartment.
2. Today Kathy is helping her find one by reading her (**e le legge**) the newspaper ads.
3. I found one that I like: "Studio, Golden Gate Park. Available immediately $950."
4. How big is a studio? How many rooms are there?
5. There is only one, with a bathroom.
6. Now here they are near Golden Gate Park to see the studio.
7. The manager shows it to them.
8. Giulia is enthusiastic about (**di**) the studio and asks Kathy what she thinks of it (**cosa ne pensa**).
9. I like it a lot, because there are big windows with a view (**veduta**) of the park.

available	disponibile
immediately	immediatamente
the manager	l'amministratore
enthusiastic	entusiasta

Attualità: Arredamento «Made in Italy»

A. Prima di leggere Italian artists and artisans reflect a tradition of outstanding design and craftsmanship that spans centuries. Articles for the home "made in Italy", like those featured here, draw on this tradition while also displaying a creative flair for contemporary design that is recognized throughout the world.

Il vetro fragile e bellissimo dell'isola di Murano, vicino a Venezia, ha una storia antichissima, di più di 1000 anni.

Nel Medioevo, i Veneziani, **attraverso** *(through)* il contatto con i Bizantini, hanno perfezionato l'arte **vetraia** *(glass-blowing technique)*. Nello stesso periodo, Venezia è diventata il centro principale del vetro **pregiato** *(precious)* per tutta l'Europa.

Al giorno d'oggi *(Nowadays)*, il vetro veneziano, anche se con un tocco di stile moderno, rimane sempre molto ricercato in tutto il mondo. Da sottolineare che ogni pezzo è unico perché è prodotto **a mano** *(by hand)* e diventa sempre più pregiato con il passare del tempo.

Gianpaolo Zandegiacomo è un giovane «designer» che ha saputo unire, nella lavorazione del **legno** *(wood)*, il gusto contemporaneo con l'aspetto tradizionale della casa, **dando** *(giving)* alle sue creazioni un'impronta di originalità. Gianpaolo ci propone un nuovo concetto nell'arredamento delle stanze da bagno, con i suoi lavabi e le sue vasche da bagno realizzate in legno. Parte dal concetto che una fusione armonica di elementi naturali, come l'acqua ed il legno, crea una sensazione di benessere nelle persone. Questa fusione armonica dà alle sue creazioni un valore estetico eccezionale.

B. Alla lettura

1. Come si chiama l'isola vicino a Venezia famosa per la produzione di oggetti di vetro?
2. Perché ogni pezzo di vetro di Murano è definito unico?
3. Chi è Gianpaolo Zandegiacomo?
4. Che cosa ha saputo unire nella lavorazione del legno?
5. In che materiale sono costruiti i suoi lavabi e le sue vasche da bagno?
6. Secondo Zandegiacomo, una fusione di elementi naturali che cosa crea?

Le vacanze 11

Parole da ricordare: Le vacanze

A. Cosa portiamo? Write at least four items for every category.

1. Al mare porto

   _____

2. In montagna porto

   _____

B. Preferenze. Answer the following questions with complete sentences.

1. Preferisci andare al mare o in montagna?

   _____

2. Preferisci dormire in una tenda o in un bell'albergo?

   _____

3. Cosa è necessario per fare il campeggio?

   _____

4. Cosa è necessario avere per non perdersi?

   _____

5. Cosa è necessario per andare all'estero?

   _____

La grammatica

1 Il futuro

Pratica

A. Impariamo il futuro. Create a new sentence by substituting each subject in parentheses.

1. Quando pagherai il conto tu? (voi, il turista, loro)

   _____

2. Noi staremo attenti. (io, tu e lui, i bambini, il giovanotto)

   _____

3. Io berrò quando avrò sete. (lei, noi, i viaggiatori)

   _____

4. La signora verrà se potrà. (io, io e lui, i nonni)

   _____

B. Cosa succederà nel futuro? An optimist is predicting what will happen 50 years from now **(tra cinquant'anni).** Complete each statement in the future tense.

> *Esempio*   You read: (essere) Tutti _____ ricchi.
> *You write: (essere) Tutti saranno ricchi.*

1. (vivere) Tutti i Paesi _____ in pace.

2. (sostituire [to replace]) L'energia solare _____ l'energia nucleare.

3. (avere) L'Italia _____ un governo stabile.

4. (occupare) Una presidentessa _____ la Casa Bianca.

5. (continuare) Le vacanze _____ tutto l'anno.

6. (pagare) Noi non _____ più tasse.

C. Cosa farai? A friend is asking Paola whether she is doing the following things, and Paola answers that she will do them when or if other things take place. Answer with a complete sentence, using the cues and following the example.

> *Esempio*   Compri gli scarponi? (se/andare in montagna)
> *Li comprerò se andrò in montagna.*

1. Non accendi (*light*) il fuoco? (quando/gli altri ritornare)

   _____

2. Non prendi il sole? (se/fare più caldo)

   _____

3. Non ti prepari a partire? (non appena/avere i biglietti)

   _____

4. Non ti abbronzi in giardino? (quando/essere alla spiaggia)

   _____

5. Non metti la merenda (*snack*) nello zaino? (non appena/essere pronta)

   _____

6. Parti con tua sorella? (se/lei stare meglio [*better*])

   _____

7. Porti anche il tuo fratellino? (se/lui volere venire)

   _____

Comprensione

CD4, TRACK 14

A. Le attività degli studenti di Parma questo weekend. Listen as Marina describes what her friends at the university of Parma plan to do this weekend and match each activity on the right column with the correct person on the left. You will hear each statement twice.

_____ **1.** Andrea

_____ **2.** Marco

_____ **3.** Enrico

_____ **4.** Valeria

_____ **5.** Carlo

_____ **6.** Gabriella

a. finirà i compiti di italiano.

b. mangerà in un buon ristorante.

c. partirà in treno per Parigi.

d. passerà il weekend al mare.

e. visiterà la torre di Pisa.

f. passerà il weekend in montagna.

CD4, TRACK 15

B. Tutti passeremo le vacanze al mare. Listen to the model sentence. Then form a new sentence by substituting the subject given. Repeat each response after the speaker.

Esempio   Io passerò le vacanze al mare. (tu)
             Tu passerai le vacanze al mare.

1. _____

2. _____

3. _____

4. _____

CD4, TRACK 16

C. Noi tutti ci divertiremo! Listen to the model sentence. Then form a new sentence by substituting the subject given and making all necessary changes. Repeat each new response after the speaker.

Esempio   Luisa si divertirà quest'estate. (io)
             Io mi divertirò quest'estate.

1. _____

2. _____

3. _____

4. _____

2 I comparativi

Pratica

A. Impariamo a fare paragoni. Compare the following people, places, and things, using **tanto... quanto**, **così... come**, **più... di**, or **meno... di** and the appropriate form of the adjective in parentheses.

1. il fiume Hudson / il fiume Mississippi (lungo)

   _____

2. i treni / le macchine (veloce)

   _____

3. il clima di Chicago / il clima di New York (attraente)

   _____

4. l'Italia / la Svizzera *(Switzerland)* (popolato)

   _____

5. le donne brune / le donne bionde (interessante)

   _____

6. un dottore / un professore (ricco)

   _____

7. i gatti / i cani (fedele *[faithful]*)

   _____

B. Creiamo una frase comparativa. Restate each sentence, using a comparative and the element in parentheses.

Esempio   Il professore parla rapidamente. (io)
               Il professore parla più rapidamente di me.

1. I nonni camminano lentamente. (i nipoti)

   _____

2. Gli Americani votano spesso. (gli Italiani)

   _____

3. Le indossatrici *(models)* si vestono elegantemente. (le studentesse)

   _____

4. Dicono che gli Italiani guidano *(drive)* pericolosamente. (gli Americani)

   _____

C. Rispondiamo usando i comparativi. Answer each question according to the example.

Esempio   È ottimista o pessimista Lei?
Sono più ottimista che pessimista. o Sono più pessimista che ottimista.

1. È bello(a) o simpatico(a)?

   _____

2. È romantico(a) o pratico(a)?

   _____

3. È ricco(a) di soldi o di sogni (dreams)?

   _____

4. Le piacerebbe vivere in Italia o in Svizzera?

   _____

5. Le piacerebbe visitare la Spagna o il Portogallo?

   _____

Comprensione

CD4, TRACK 17

A. Una scelta difficile. Your friend Tommaso and his wife Giulia want to buy a vacation home and they are comparing two properties. One is in the mountains and one is on the beach. Listen to their statements, which are each repeated twice, and complete the following sentences using appropriate comparative forms.

1. La casetta in montagna è _____ tranquilla _____ un appartamento al mare.

2. Le vacanze al mare sono _____ divertenti e _____ noiose delle vacanze in montagna.

3. Un appartamento al mare è _____ grande _____ una casetta in montagna.

4. Il prezzo di questo appartamento è _____ conveniente _____ quello di una casa in montagna.

5. Useremmo un appartamento al mare _____ una casa in montagna.

6. La casa in montagna ha _____ vantaggi _____ un appartamento al mare.

B. Creiamo nuove frasi comparative. Listen to the model sentence. Then form a new sentence by substituting the cues and making all necessary changes. Repeat each response after the speaker.

1. Esempio   Tu sei più elegante di me. (lui, generoso)
Lui è più generoso di me.

1. _____
2. _____
3. _____

2. Esempio   Papà ascolta meno pazientemente della mamma. (voi)
Voi ascoltate meno pazientemente della mamma.

1. _____
2. _____
3. _____
4. _____

3 I superlativi

Pratica

A. Impariamo il superlativo relativo. Answer each question using the cue and follow the example.

Esempio   È un campanile molto alto? (città)
È il campanile più alto della città.

1. È una ragazza seria? (gruppo)

_____

2. È una macchina economica? (Stati Uniti)

_____

3. È un ristorante caro? (città)

_____

4. Sono dei bambini tranquilli? (scuola)

_____

5. È un lavoro faticoso? (giornata)

_____

6. È lungo il fiume Po? (fiumi italiani)

_____

B. Impariamo il superlativo assoluto. Complete each sentence according to the example.

Esempio   È una scelta difficile; anzi *(indeed)*, <u>difficilissima.</u>

1. Ho conosciuto un ragazzo simpatico; anzi, _____ .

2. Mi piace il tè dolce; anzi, _____ .

3. Lui fa un mestiere semplice; anzi, _____ .

4. Lei si è alzata presto; anzi, _____ .

5. Vengono a trovarci spesso; anzi, _____ .

6. Mi hanno detto che è ricco; anzi, _____ .

7. È una donna giovane; anzi, _____ .

8. La nostra penisola è bella; anzi, _____ .

9. Le eruzioni (eruptions) dell'Etna sono pericolose; anzi, _____ .

Comprensione

CD4, TRACK 19

A. L'aggettivo. Listen to the model sentence. Then form a new sentence using the adjective or noun given, as indicated in the example. Make all necessary changes. Repeat the response after the speaker.

1. Esempio   brava
             Era la ragazza più brava della classe.

1. _____

2. _____

3. _____

4. _____

2. Esempio   l'isola / bella
             L'isola è bellissima.

1. _____

2. _____

3. _____

4. _____

5. _____

4 Comparativi e superlativi irregolari

Pratica

A. Usiamo gli avverbi comparativi irregolari. Complete each sentence with **meglio, peggio, di più**, or **di meno**.

1. Dopo alcune ore di riposo dovrei stare _____ e invece sto
   _____ di prima.

2. Lo vediamo tutti i giorni in piscina: è inutile domandargli quale sport gli piace
   _____ .

3. Il pover'uomo vorrebbe lavorare _____ , ma deve invece guadagnare
   _____ , perché ha tre figli all'università.

4. Se studiate _____ , sono sicuro che imparerete qualcosa.

5. Siete d'accordo con il proverbio che dice: «È _____ vivere un giorno da leone
   che cent'anni da pecora (*sheep*)»?

B. Impariamo i superlativi irregolari. Write the response to each statement, using the absolute superlative of the underlined adjective or adverb.

Esempio   Mi sembra una <u>buona</u> occasione.
            Hai ragione! È un'ottima occasione!

1. Non vorrei vivere nella pianura Padana: il clima è <u>cattivo</u>.

   _____

2. Devo dire che Luisa è una <u>brava</u> ragazza.

   _____

3. Quel ragazzo mostra la più <u>grande</u> indifferenza per tutto.

   _____

4. Si mangia <u>bene</u> in questa trattoria!

   _____

5. Questi spaghetti sono veramente <u>buoni</u>.

   _____

6. Si guadagna <u>poco</u> con la professione dell'insegnamento.

   _____

Comprensione

CD4, TRACK 20

A. A cena a casa di Ivo. You are visiting your friend Ivo in Naples. As you listen to each of his statements, write down which form of the **comparativo** or **superlativo irregolare** you hear. Each statement will be repeated twice.

Esempio   You hear: Io sono il maggiore nella mia famiglia, ho un fratello più giovane.
            You write: il maggiore

1. _____
2. _____
3. _____
4. _____
5. _____
6. _____

CD4, TRACK 21

B. Domande sulle cose migliori della città. Imagine that you're new in town and are asking about the best places. Use the cue and follow the example to ask each question. Then repeat the question after the speaker.

Esempio   ristorante
            Qual è il migliore ristorante della città?

1. _____
2. _____
3. _____
4. _____
5. _____

5 Uso dell'articolo determinativo

Pratica

Complete each sentence using the definite article (with or without preposition).

1. Ti piacciono _____ film con Jack Nicholson?

2. È vero che _____ salute e _____ buon senso sono le cose più importanti del mondo?

3. _____ violenza sembra essere uno dei temi preferiti _____ televisione americana.

4. Sei a favore _____ servizio militare per _____ donne?

5. Quand'è il tuo compleanno? —È _____ 26 aprile.

6. Jane è nata _____ 1945, _____ Kansas.

7. Andremo tutti a Roma _____ quindici di questo mese.

8. _____ primavera è la stagione più bella dell'anno.

9. Ti piacciono _____ bambini? —Sì, moltissimo.

10. La ragazza aveva _____ occhi blu e _____ capelli biondi.

11. Madrid è la capitale _____ Spagna.

12. Tim viene _____ Stati Uniti, e precisamente _____ California.

13. In autunno visiteremo _____ Massachusetts e _____ Vermont.

Comprensione

CD4, TRACK 22

A. Ancora gli articoli. Ask your friend about his/her preferences. Start each question with **preferisci** and complete it by using the cues. Then repeat the response after the speaker.

> *Esempio*   (tè / caffè)
> *Preferisci il tè o il caffè?*

1. _____

2. _____

3. _____

4. _____

5. _____

6. _____

B. Gli articoli e la geografia. Pierino is taking a geography test. Use the cue and follow the examples to re-create each answer. Then repeat the response after the speaker.

Esempio   (Francia / Europa occidentale)
            La Francia è nell'Europa occidentale.

1. _____

2. _____

3. _____

4. _____

5. _____

6. _____

7. _____

Ascoltiamo!

CD4, TRACK 24

A. Dettato: La Sicilia. Listen as your friend Federico gives you information about the region where he's from, **la Sicilia.** You will hear his description the first time at normal speed, a second time more slowly so that you can supply the appropriate forms of the missing vocabulary, and a third time so that you can check your work. Feel free to repeat the process several times if necessary.

La Sicilia non è solo _____ nel mar Mediterraneo ma è anche

_____ estesa (*wide*) d'Italia, ed è bagnata (*touched*) da tanti

_____ : il Tirreno, lo Ionio e dal Canale di Sicilia.

    E' anche circondata da molte _____ : le Eolie, Ustica, le Egadi, Marsala, le

Pelagie e Pantelleria. La Sicilia è una regione con più _____ che

_____ o _____ . C'è anche

_____ che, con i suoi 3.263 metri, è _____ attivo d'

Europa. La regione è una delle _____ produttrici di vini, olive, arance, cotone,

tabacco, cereali e frutta. Esiste anche un _____ allevamento di bovini (*cattle

breeding*).

    La Sicilia è luogo di _____ turismo per le _____

bellezze _____ ed archeologiche come i tèmpli di Agrigento e la

_____ città di Taormina.

CD4, TRACK 25

B. Due città a confronto. Carlo is from Bologna and his friend Elisabetta is from Florence. Elisabetta has been studying for an exam, but has digressed to discuss their hometowns. Listen to their conversation, which will be repeated twice, then indicate whether the statements below are true (**V**) or false (**F**). Correct any false statements.

1. _____ V _____ F   Firenze e Bologna sono due città molto diverse.

   _____

2. _____ V _____ F   Le storie delle due città sono simili.

   _____

3. _____ V _____ F   Parlano lo stesso dialetto.

   _____

4. _____ V _____ F   Ci vuole un'ora per arrivare a Bologna da Firenze.

   _____

5. _____ V _____ F   Sono divise dalle montagne.

   _____

6. _____ V _____ F   Lo sviluppo economico fu simile.

   _____

7. _____ V _____ F   Firenze è famosa per le banche.

   _____

8. _____ V _____ F   Bologna è famosa per l'università.

   _____

9. _____ V _____ F   F L'università di Bologna è la più antica d'Italia.

   _____

10. _____ V _____ F   Bologna è uno dei centri culturali più importanti d'Italia.

   _____

Adesso scriviamo!

A. Il mio Paese. You friend Ivo is coming to visit you from Naples, Italy. Send him an email describing the features of your state. To organize your thoughts for a three-paragraph description, answer the following questions.

Informazioni geografiche:

1. Quale Stato descrivi? Quante ore o giorni ci vogliono per attraversare il tuo Stato?
2. Con quali altri paesi o mari confina?
3. Ha una catena di montagne? Come si chiama?
4. Quali sono i fiumi e i laghi più importanti?
5. Ci sono vulcani?

Città:

1. Quali sono le città più importanti?
2. Ci sono porti?

Attrazioni:

1. È visitato da turisti? Perché?
2. Che cosa ti piace in modo particolare del tuo Stato?
3. Inviteresti il tuo amico Ivo a visitare qualche posto particolare?

Now organize your answers in three paragraphs. You may follow these examples to begin each of your paragraphs:

1. **Voglio descriverti lo stato dell'Arizona...**
2. **Le città più importanti sono Phoenix, Tucson e Flagstaff. Io preferisco Flagstaff perché fa più fresco.**
3. **Lo stato dell'Arizona è molto visitato dai turisti perché c'è il Grand Canyon.**

B. Come si dice in italiano?

1. It is August and Franca and Raffaella are beginning their vacation (**vacanze**, f. pl.) today.
2. Since they don't like to travel by train, they are traveling by car and will arrive tomorrow in the beautiful Dolomites (**Dolomiti**, f. pl).
3. They will camp there for a week.
4. A trip to the mountains is more interesting than a trip to the beach.
5. We will stop near a lake, so we will have water to (**per**) wash and cook.
6. I like your idea! And we will be able to swim every day! This will be the best vacation of my life.
7. Since it is my first camping experience (**esperienza**), you will pitch the tent and I will help you.
8. Then we will take the backpack and go for a short hike (**escursione**).
9. How is the weather in the mountains?
10. It will be beautiful. The weather forecast (**le previsioni del tempo**) stated that (**dire che**) it will be nice weather until next Friday.
11. Franca and Raffaella arrived and camped, but unfortunately it rained all week.

there	là
unfortunately	sfortunatamente
until	fino a

Attualità: Una guida turistica

A. Prima di leggere. You are about to read an excerpt from a travel guide that describes some interesting, less-well-known parts of southern Italy: **le Eolie**, a group of islands off Sicily, **il Gargano** in Puglia, **la Sila** in Calabria. Before you read, look at the map of Italy in the front of your textbook to locate Sicily, Puglia, and Calabria. Why do you think tourists are attracted to these areas?

Le isole Eolie

Le isole Eolie sono di origine vulcanica. Sono dei vulcani usciti dall'acqua circa 700.000 anni fa. Le isole sono sette: Lipari, la più grande, ha un'area di circa 37 chilometri, e la più piccola di circa 3 chilometri e mezzo. Per molti anni queste isole sono rimaste disabitate per le frequenti eruzioni vulcaniche. Oggi l'economia delle isole si basa sull'agricoltura, sull'industria mineraria e, sopratutto, sul turismo. Negli ultimi 50 anni il boom turistico ha portato il benessere nelle isole Eolie. Infatti molti turisti visitano le isole non solo per le loro bellezze naturali, ma anche per il benessere che derivano dalle cure dei bagni termali e dei **fanghi** *(mud-bath)*. Nel 2000 le isole Eolie sono state dichiarate patrimonio culturale dell'umanità dall'UNESCO.

Il Gargano

Il Gargano è una penisola nella regione Puglia che si protende nel Mar Adriatico. Il Gargano è un angolo stupendo della regione ed è anche un parco nazionale. Ci sono coste bellissime, **scogliere** *(cliffs)*, e lagune profonde e azzurrissime. Quest'area è anche conosciuta per i suoi luoghi spirituali: Monte Sant'Angelo e San Giovanni Rotondo, posti che numerosi **pellegrini** *(pilgrims)* visitano ogni anno, in cerca di purificazione.

La Sila

La Sila è in Calabria. È un vasto altopiano ricco di boschi con una **fitta** *(thick)* vegetazione e una grande varietà di alberi. Oltre ai boschi ci sono **praterie** *(prairies)* e **pascoli** *(meadows)* con laghi e **torrenti** *(cricks)*. La Sila è un'area stupenda che ha conservato la bellezza suggestiva del passato, con la presenza di vari animali selvatici, incluso il **lupo** *(wolf)* appenninico.

B. Alla lettura. Read each paragraph one more time and complete the following activity by supplying the missing information.

1. Le isole Eolie sono di origine _____ .

2. Queste isole non furono *(were)* abitate per _____ .

3. Oggi l'economia delle isole si basa su _____ .

4. Il boom turistico ha portato _____ .

5. I turisti visitano le isole per _____ ma anche per _____ .

6. Il Gargano è nella regione _____ .

7. Il Gargano è un angolo stupendo ed è anche _____ .

8. Il Gargano è anche conosciuto per _____ .

9. La Sila è un vasto _____ .

10. I boschi hanno una grande _____ .

11. La Sila ha conservato _____ .

12. Ci sono molti animali selvatici, compreso _____ .

Il mondo del lavoro 12

Parole da ricordare: Mestieri e professioni

A. Cosa manca *(is missing)*? Read Antonio's story and fill in the missing words from the list below.

colloquio   lavoro   assumere   guadagnare   licenziarsi   stipendio   aumento   disoccupato

Antonio vuole trovare un nuovo _____ . Vorrebbe prendere uno

_____ più alto perché ha bisogno di _____ più soldi per

comprarsi una macchina nuova. Il padrone non vuole dargli un _____, così Antonio

ha deciso di _____ . Oggi ha un _____ in una nuova

azienda che lo vuole _____ come impiegato. Uno dei requisiti *(requirements)* è saper

parlare l'inglese e Antonio è molto contento perché lui lo parla molto bene. Questa nuova azienda pensa di

_____ Antonio e lui non sarà _____ per molto tempo.

B. Gioco di abbinamento. Match the definitions from list B with the jobs on list A.

A

1. _____ l'idraulico
2. _____ il medico
3. _____ il costruttore
4. _____ l'oculista
5. _____ l'infermiere
6. _____ l'architetto
7. _____ l'avvocato
8. _____ l'elettricista
9. _____ il commercialista
10. _____ lo psicologo

B

a. Tiene in ordine i documenti contabili di aziende *(firms)*.

b. Aiuta le persone a capire il loro comportamento.

c. Cura i malati.

d. Assiste il medico.

e. Difende una persona in tribunale.

f. Ripara i fili della luce *(electrical wire)*.

g. Ripara i tubi dell'acqua.

h. Cura gli occhi delle persone.

i. Prepara i progetti di case e palazzi.

j. Costruisce case e palazzi.

La grammatica

1 Il condizionale: presente e passato

Il condizionale presente

Pratica

A. Impariamo le forme del condizionale. Complete each sentence in the conditional.

Esempio   (mangiare) Noi _____ un panino.
              (mangiare) Noi mangeremmo un panino.

1. (uscire) Io _____ ma non posso.

2. (scrivere) Noi _____ ma non abbiamo l'indirizzo.

3. (piacere) Vi _____ lavorare in una banca?

4. (andare) Noi _____ al cinema, ma non ci sono film interessanti.

5. (stare) Tu _____ a casa volentieri, perché piove.

6. (fare) Io _____ l'ingegnere, ma non mi piace la matematica.

7. (vivere) I miei genitori _____ volentieri in campagna.

8. (venire) Tu _____ con me questa sera?

9. (essere) Io _____ contento di andare alle Hawaii.

B. Cosa farebbero? Use the cue to state what the following people would do in each circumstance.

Esempio   Luigi e Pino hanno fame. (mangiare una pizza)
              Luigi e Pino mangerebbero una pizza.

1. Teresa è in ritardo. (scusarsi)

   _____

2. Il mio padrone di casa aumenta *(increases)* l'affitto. (io, protestare)

   _____

3. Noi troviamo un portafoglio. (portarlo alla polizia)

   _____

4. Tu hai sonno. (andare a dormire)

   _____

5. Stefano è milionario. (fare il giro del mondo)

   _____

6. Noi diamo una festa. (invitare tutti gli amici)

   _____

7. Dobbiamo partire alle sei di mattina. (alzarci presto)

   _____

8. Luigi ha preso un brutto voto. (studiare di più)

   _____

Comprensione

CD4, TRACK 26

A. Dove andrebbero? Where would the following people go? Form new sentences using the cues. Then repeat the response after the speaker.

Esempio   (Carlo / al mare)
             Carlo andrebbe al mare.

1. _____

2. _____

3. _____

4. _____

CD4, TRACK 27

B. Daresti questi consigli a Tommaso? You like your friend Tommaso, but he is far from perfect. Would you tell him what his flaws are to improve your relationship? Form sentences using the cue and following the example. Then repeat the response after the speaker.

Esempio   È curioso. (no)
             Non glielo direi.

1. _____

2. _____

3. _____

4. _____

Il condizionale passato

Pratica

Che cosa avrebbero fatto i tuoi amici? You know your friends quite well. Indicate what each person would have done in the following circumstances.

Esempio   La macchina non funzionava. (Franco / comprare un macchina nuova)
             Franco avrebbe comprato una macchina nuova.

1. La banca era ancora chiusa. (Teresa / aspettare)

   _____

2. Giovanni era ammalato. (i suoi compagni / chiamare il dottore)

   _____

3. I giornali annunciavano lo sciopero dei treni. (voi / non partire)

   _____

4. Lisa dava una festa. (le compagne / venire)

   _____

5. Mio padre arrivava da Roma. (io / andare alla stazione)

   _____

Comprensione

CD4, TRACK 28

A. Che cosa avrebbe fatto Pierino? Pierino is second guessing what his friends have done. Listen as he says what he would have done in the following situations and write in the conditional the verbs that he uses. Each of his statements will be repeated twice.

Esempio   You read: Io _____ l'ombrello.
You hear: Piove. Io avrei preso l'ombrello.
You write: Io avrei preso l'ombrello!

1. Io ne _____ una nuova!

2. Io _____ a dormire!

3. Io _____ una festa!

4. Io _____ !

5. Io _____ un aumento!

6. Io _____ dei fiori!

CD4, TRACK 29

B. Cosa avresti comprato a Roma? Last summer you and your family were walking down a street in Rome when you saw that a boutique was having a sale. Say what you would have bought if you had had the money. Then repeat the response after the speaker.

Esempio   (io / una camicetta)
Io avrei comprato una camicetta.

1. _____

2. _____

3. _____

4. _____

5. _____

2 Uso di dovere, potere e volere nel condizionale

Pratica

A. Cosa dovrebbero fare? What should these people do to solve their problems?

Esempio   Teresa ha preso F in italiano. (studiare di più)
Dovrebbe studiare di più.

1. Carlo e Gino sono sempre senza soldi. (spendere meno)

_____

2. Io arrivo in classe in ritardo. (alzarsi presto)

_____

3. Tu e io mangiamo troppo. (mangiare meno)

_____

4. Le due amiche non si parlano. (parlarsi)

_____

Nome _____ Data _____ Classe _____

B. Cosa potrebbero fare? Given these situations, what could the following people do?

Esempio   Io ho una piscina. (nuotare)
Potrei nuotare.

1. A me piace la matematica. (iscriversi a ingegneria)

_____

2. A Liliana interessa studiare legge. (fare l'avvocatessa)

_____

3. Noi abbiamo esperienza con i computer. (specializzarsi in informatica)

_____

4. Alcuni lavoratori sono molto bravi. (ricevere una promozione)

_____

Comprensione

CD4, TRACK 30

A. Siamo più gentili! Make each statement less forceful by changing the verb from the present to the conditional. Then repeat the response after the speaker.

1. Esempio   Io devo studiare di più.
Io dovrei studiare di più.

1. _____
2. _____

2. Esempio   Puoi farmi un favore?
Potresti farmi un favore?

1. _____
2. _____

3. Esempio   Voglio andare in vacanza.
Vorrei andare in vacanza.

1. _____
2. _____

CD4, TRACK 31

B. Cosa avremmo dovuto fare. Listen to the model sentence. Then form a new sentence by substituting the subject given. Repeat each response after the speaker.

Esempio   Avrei dovuto studiare di più. (Giulia)
Giulia avrebbe dovuto studiare di più.

1. _____
2. _____
3. _____
4. _____
5. _____

3 Avverbi

Pratica

A. Come fanno queste cose queste persone? Answer each question, substituting the appropriate adverb for the adjective in parentheses.

> *Esempio*   Come cammina il turista? (rapido)
> *Cammina rapidamente.*

1. Come canta Cecilia Bartoli? (meraviglioso)

   _____

2. Come spiega il professore? (paziente)

   _____

3. Come dormono i bambini? (tranquillo)

   _____

4. Come giocano i ragazzi? (libero)

   _____

5. Come ascoltano gli studenti? (svogliato [unwilling])

   _____

6. Come risponde la signorina? (gentile)

   _____

7. Come funziona il motore? (regolare)

   _____

B. La posizione degli avverbi. Answer each question, choosing one of the adverbs in parentheses.

> *Esempio*   Ha visitato Bologna? (mai, qualche volta)
> *Non ho mai visitato Bologna.*

1. Quando è uscito(a) di casa stamattina? (presto, tardi)

   _____

2. Quando parte da Milano? (adesso, dopo)

   _____

3. Quante volte ha fatto lunghi viaggi? (spesso, raramente)

   _____

4. Ha viaggiato in treno? (mai, qualche volta)

   _____

5. Va a scuola in macchina? (sempre, mai, alcune volte)

   _____

6. È andato(a) all'estero? (spesso, una volta, mai)

   _____

7. È stato(a) in Italia? (già, non ancora)

   _____

Comprensione

🎧 CD4, TRACK 32

A. Formiamo gli avverbi dagli aggettivi. Give the adverb corresponding to each of the following adjectives. Then repeat the response after the speaker.

Esempio   fortunato
             fortunatamente

1. _____   6. _____

2. _____   7. _____

3. _____   8. _____

4. _____   9. _____

5. _____   10. _____

🎧 CD4, TRACK 33

B. Come abbiamo fatto tante cose. Filippo is telling his friend Carlo about his honeymoon with Gabriella. Listen to his description and write down the adverbs that you hear him use. You will hear the description twice.

_____

_____

_____

C. *Da quanto tempo* o *Da quando*? Write the question that would elicit each answer, using **Da quanto tempo** or **Da quando** accordingly.

Esempio   Sono a Bologna dal mese scorso.
             Da quando sei a Bologna?

1. Sono sposato da una settimana.

_____

2. Lavoro dal mese di ottobre.

_____

3. Nino suona la chitarra da anni.

_____

4. Conosco Marisa da diversi mesi.

_____

5. Viviamo in Via Garibaldi dall'anno scorso.

_____

6. Gianna e Paolo escono insieme da un mese.

_____

Comprensione

CD4, TRACK 34

Gli studenti di italiano fanno queste cose da tanto tempo. Listen as a professor lists what various students in her class have been doing for some time. Complete each sentence by indicating who has been doing what and for how long. Each statement will be repeated twice.

Esempio   You read: _____ il piano da _____ .
You hear: *Marco suona il piano da cinque anni.*
You write: *Marco suona il piano da cinque anni.*

1. _____ l'università da _____ .
2. _____ a basket da _____ .
3. _____ sciare da _____ .
4. _____ l'italiano da _____ .
5. _____ francese dal _____ .
6. _____ negli Stati Uniti dal _____ .

4 Il si impersonale

Pratica

A. Usiamo il si impersonale. Answer the following questions by using the impersonal **si.**

1. Che si fa in piscina?

   _____

2. In quale ristorante della vostra città si mangia bene e si spende poco?

   _____

3. Quali lingue si parlano in Svizzera?

   _____

4. Che si va a fare in una palestra?

   _____

5. Perché si va a uno stadio?

   _____

B. Dal *noi* al *si* impersonale. Your friend is telling you what he and his friends do when they are on vacation. Substitute the impersonal **si** for the **noi** form.

Esempio   Leggiamo ogni sera.
Si legge ogni sera.

1. Giochiamo al calcio.

   _____

2. Ascoltiamo la radio.

   _____

3. Facciamo passeggiate.

   _____

4. Andiamo in bicicletta.

   _____

5. Spendiamo poco.

   _____

Comprensione

CD4, TRACK 35

A. A casa della nonna Clara. Franco has invited his friend Marco to come with him to visit his grandparents at their house in the country for the weekend. Listen as he tells Marco what they can do during their visit, and fill in the missing impersonal form of the verb in each of his comments.

Esempio   You see: La mattina _____ con il nonno in campagna.
You hear: La mattina si lavora con il nonno in campagna.
You write: si lavora

1. La mattina _____ fino a tardi e poi _____ colazione con latte e pane fresco.

2. A mezzogiorno _____ tutti insieme a tavola con il nonno e la nonna.

3. Nel pomeriggio _____ gli zaini e _____ a fare una passeggiata sulle colline.

4. La sera _____ presto per cenare con i nonni. La nonna prepara sempre la mia torta preferita.

5. Dopo cena _____ a piedi e _____ i ragazzi e le ragazze del paese che giocano a basket o a calcio.

6. A casa della mia nonna _____ proprio bene.

CD4, TRACK 36

B. Come si fa a scuola. A mother is repeating some general rules to her child, who hasn't been behaving properly in school. Restate each sentence, using the impersonal **si.** Then repeat the response after the speaker.

Esempio   Uno non fa così.
Non si fa così.

1. _____

2. _____

3. _____

4. _____

Ascoltiamo!

🎧 CD4, TRACK 37

A. Dettato: La professione di Luigi. Listen as Luigi tells his father about his new job as a lawyer in a legal firm in the center of Milan. You will hear his description the first time at normal speed, a second time more slowly so that you can supply the appropriate forms of the missing verbs in the conditional, and a third time so that you can check your work. Feel free to repeat the process several times if necessary.

Papà, _____ vedere il mio nuovo ufficio di avvocato, è in un palazzo elegante nel

centro di Milano. _____ portarti a vederlo, ti _____

molto. Non è molto grande e non c'è una finestra ma è tutto per me. _____ uno stu-

dio più grande e anche uno stipendio più alto ma il mio capo mi ha detto che

_____ ricevere presto un aumento se lavoro duramente. I miei colleghi di lavoro

sono molto gentili, _____ invitarli a cena un sabato sera. La mamma li

_____ molto simpatici. Papà, poiché tu hai dei problemi legali con alcuni

dipendenti, il mio collega Mario, che si specializza in diritto *(law)* aziendale, _____

darti dei consigli.

L'avvocato Marietti, uno dei soci *(partners)* della ditta, che ha già sessantacinque anni e presto andrà in pen-

sione, mi ha detto che mi _____ alcuni dei suoi clienti. Mi piace molto questa pro-

fessione anche se so che dovrò lavorare molte ore al giorno.

🎧 CD4, TRACK 38

B. Un colloquio di lavoro. Listen to a part of Luigi Beni's job interview with Mr. Briganti, a senior member of a law firm in Milan. Then complete the following sentences. The interview will be repeated twice.

1. Luigi ha un colloquio di lavoro per la posizione di _____ .

2. Vorrebbe lavorare a Milano perché _____ .

3. Questa ditta tratta di diritto _____ .

4. Luigi potrebbe imparare _____ .

5. Luigi potrebbe offrire _____ .

6. Luigi sa di non avere esperienza ma lavorerebbe _____ .

7. A Luigi piacerebbe _____ .

8. L'avvocato Briganti dice che Luigi dimostra di _____ .

9. Luigi dovrà avere un colloquio con _____ .

10. Luigi riceverà presto una telefonata per _____ .

Domanda personale

Il colloquio di Luigi con l'avvocato Briganti è stato positivo? Tu hai mai avuto un colloquio di lavoro? Hai avuto un'esperienza positiva o negativa? Spiega con una o due frasi.

_____

_____

_____

Adesso scriviamo!

A. Una domanda di lavoro. Write **una domanda di lavoro** (*a letter to accompany your resume*) in response to the following job advertisement.

> «Cercasi **ambosessi** (*both men and women*) per lavoro stimolante e interessante. Si richiede massima serietà, **disponibilità** (*availability*) a viaggiare e conoscenza della lingua inglese parlata e scritta. Ottimo stipendio e possibilità di **carriera** (*career*). FAX 048/556372 TEL. 048/556373».

Begin by answering the following questions to gather the needed information for your letter.

1. Perché ti interessa questo lavoro?

2. Quali sono i requisiti di questo lavoro? Quali sono i vantaggi?

3. Perché saresti la persona giusta per questo lavoro? Hai i requisiti? Cosa puoi offrire?

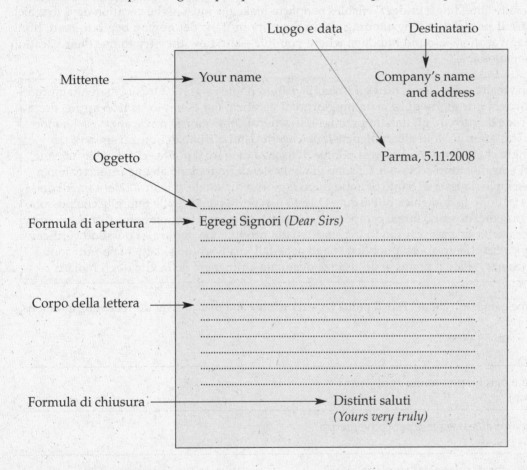

Now organize your information, following the example, in three paragraphs. You may start along these lines: **Sono molto interessato(a) a questo posto di lavoro perché...**

B. Come si dice in italiano?

1. Roberto S. is a young lawyer who **(che)** lost his job.

2. Since he would like to find a new one, today he is in an employment agency for an interview.

3. Would you have a job for a person with my qualifications?

4. Well **(Beh!)**, the C. & C. Brothers are building a wall **(muro)** around their property **(proprietà)** and will be hiring several people.

5. I would prefer to work in an office: I can use the computer.

6. Well, maybe you should come back next month; we might have another job.

7. I can't wait. I will take this job, though **(però)** I would have preferred a more **(più)** intellectual job.

8. Who knows? Today you start as (a) laborer, and tomorrow you might become the president of C. & C.

to lose	perdere	to use	usare	Who knows?	Chissà!
around	intorno a	several	alcuni		

Attualità: Fare il ponte

A. Prima di leggere. You are about to read information about an Italian custom called **fare il ponte**. This custom, which means literally "building a bridge," enables people to make the most of the vacation days to which they are entitled. **"Fare il ponte"** is a longstanding cultural reality in Italy. Before you begin to read, think about how people plan vacations around holidays where you live—and how they try to use their vacation days to the fullest extent possible.

«Fare il ponte» è una realtà nella vita di tutti gli Italiani. «Fare il ponte» significa trasformare un giorno di lavoro, che si trova tra due giorni di festa, in un giorno di vacanza. Per esempio, se il 25 aprile, Festa della Liberazione, cade di giovedì, gli Italiani prendono il venerdì come giorno di vacanza, così hanno un week-end di quattro giorni. Molti alberghi, pensioni e agriturismi offrono dei prezzi speciali per questi weekend lunghi che chiamano «Vacanza ponte». L'usanza di «fare il ponte» esiste nelle aziende, negli uffici pubblici e negli istituti scolastici. Ci sono già nel calendario italiano alcune feste create per convenienza. Per esempio, la festa di Santo Stefano dopo il giorno di Natale, o la Festa del Lunedì dell'Angelo, o Pasquetta, dopo la domenica di Pasqua. Questo uso porta benefici alle famiglie che possono passare del tempo insieme: possono fare il campeggio o una gita al mare o in montagna. Con «il ponte» ogni attività si blocca nelle aziende, causando dei ritardi nella produzione. Inoltre, si possono verificare notevoli disagi (*difficulties*) nei trasporti pubblici e negli ospedali, ma nessuno si lamenta e tutti sono contenti di questa usanza. «Fare il ponte» è un'usanza destinata a rimanere nella vita degli Italiani.

B. Alla lettura. Read the paragraph about **"Fare il ponte"** one more time and then answer the following questions.

1. Che cosa significa «fare il ponte»?

_____

2. Cosa offrono molti alberghi, pensioni o agriturismi?

_____

3. Quali sono due esempi di feste create per convenienza?

_____

4. Quali sono i benefici che derivano dal «fare il ponte»?

_____

5. Quali problemi può creare «il ponte» per le aziende e per le industrie?

_____

6. Perché gli Italiani non vogliono rinunciare (*give up*) all'usanza di «fare il ponte»?

_____

Nome _____ Data _____ Classe _____

La salute e gli sport 13

Parole da ricordare: La salute e gli sport

A. Le parti del corpo. Complete the following sentences with the appropriate terms relating to parts of the body.

1. _____ servono per vedere.

2. _____ servono per camminare.

3. _____ servono per masticare.

4. _____ serve per parlare.

5. _____ serve per digerire.

B. Alcune parti del corpo. Write the body parts indicated by the arrows.

1. _____

2. _____

3. _____

4. _____

5. _____

6. _____

7. _____

C. Gioco di abbinamento. Choose the correct match for the definitions on list B for the vocabulary on list A.

A

1. _____ la palestra

2. _____ il tifoso/la tifosa

3. _____ la squadra

4. _____ la partita

5. _____ l'allenatore/l'allenatrice

6. _____ il calcio

7. _____ la pallavolo

8. _____ il ciclismo

9. _____ l'atleta

10. _____ il premio

B

a. Una persona che fa il tifo per una squadra o un giocatore.

b. Per questo sport ci vogliono undici giocatori per squadra.

c. L'edificio dove una persona si allena.

d. Si prende se si vince.

e. La persona che pratica uno sport.

f. Per questo sport è necessario avere una bicicletta.

g. Quando due squadre si incontrano giocano una...

h. Per questo sport ci vogliono sei giocatori per squadra, una rete e una palla.

i. La persona che prepara gli atleti.

j. Quando i giocatori giocano insieme formano una...

La grammatica

1 I pronomi relativi e i pronomi indefiniti

Pratica

A. Ai giochi olimpici. Some spectators are talking. Link each pair of sentences by using **che**.

Esempio   Quello è l'allenatore. Ha allenato gli Azzurri.
              Quello è l'allenatore che ha allenato gli Azzurri.

1. Ecco una ciclista italiana. È molto brava.

   _____

2. Il ciclismo è uno sport. Mi piace molto.

   _____

3. Ha visto la squadra di basket? Ha vinto la partita.

   _____

4. Quelle sono le atlete canadesi. Partecipano ai giochi di domani.

   _____

B. Impariamo ad usare *cui.* Complete each sentence using **cui** and the appropriate preposition.

Esempio   Ecco la ragazza _____ Pietro esce.
              Ecco la ragazza *con cui* Pietro esce.

1. Questo è il libro _____ ti parlavo.
2. Sono gli amici _____ noi andiamo a sciare.
3. Ti dirò le ragioni _____ voglio partire.
4. Milano è la città _____ Lorenzo viene.
5. Ecco la casa _____ abbiamo abitato per dieci anni.
6. Franco è l'amico _____ ho telefonato.
7. Ecco il professore _____ devo parlare.
8. Come si chiama la ragazza _____ Gino esce?

C. Usiamo *qualcuno che.* Answer each question by using **qualcuno che** and the cue.

Esempio   Chi è un atleta? (fa dello sport)
              È qualcuno che fa dello sport.

1. Chi è un ciclista? (corre in bicicletta)

   _____

2. Chi è un tifoso? (è appassionato di sport)

   _____

3. Chi è un giocatore? (gioca una partita)

   _____

4. Chi è un allenatore? (allena gli atleti)

   _____

D. Usiamo *qualcosa.* Answer each question by using **qualcosa** and the adjective in parentheses.

Esempio   Che cosa hai fatto? (bello)
Ho fatto qualcosa di bello.

1. Che cosa hai mangiato? (buono)

_____

2. Che cosa hai letto? (interessante)

_____

3. Che cosa hai ascoltato? (divertente)

_____

4. Che cosa hai visto? (spettacolare)

_____

E. Quale usiamo? Complete each sentence with one of the following words: **quello che, ognuno, tutti, ogni, tutto.**

1. Andate all'università _____ i giorni?

2. Puoi venire a casa mia _____ giorno.

3. _____ volta che il professore mi incontra, mi saluta.

4. Ora so _____ dobbiamo fare!

5. Ieri ho studiato _____ il giorno.

6. Abbiamo invitato _____ gli amici.

7. _____ ha il diritto di essere felice.

Comprensione

CD5, TRACK 2

A. Tutto, tutti, qualcosa e qualcuno? Your friend Elisabetta is organizing an end-of-semester party at her house. Listen to her statements, which will each be repeated twice, and indicate if she says **tutto** or **tutti, qualcosa** or **qualcuno.** Sometimes there may be more than one of these words in a sentence.

Esempio   You hear: Mario ha detto che tutti portano qualcuno.
You underline: tutto, <u>tutti</u>, qualcosa, <u>qualcuno</u>.

1. tutto, tutti, qualcosa, qualcuno
2. tutto, tutti, qualcosa, qualcuno
3. tutto, tutti, qualcosa, qualcuno
4. tutto, tutti, qualcosa, qualcuno
5. tutto, tutti, qualcosa, qualcuno
6. tutto, tutti, qualcosa, qualcuno

CD5, TRACK 3

B. Usiamo *alcuni* e *alcune*. Your friend Marco is asking if you know some of the following people. Answer using **alcuni** or **alcune**. Then repeat the response after the speaker.

> *Esempio*   Conosci qualche giocatore di calcio?
> *Sì, conosco alcuni giocatori di calcio.*

1. _____

2. _____

3. _____

4. _____

CD5, TRACK 4

C. Che cosa fanno queste persone? Explain what the following people do. Then repeat the response after the speaker.

> *Esempio*   Chi è un venditore? (vende)
> *È qualcuno che vende.*

1. _____

2. _____

3. _____

4. _____

2 Espressioni negative

A. Rispondiamo con *niente* e *nessuno*. Answer each question in the negative, using **niente** or **nessuno**.

> *Esempio*   Chi hai visto oggi? *Non ho visto nessuno.*
> Cosa hai mangiato? *Non ho mangiato niente.*

1. Chi è venuto?

_____

2. Cosa hai comprato?

_____

3. Con chi hai parlato?

_____

4. Cosa hai dimenticato?

_____

5. Chi hai incontrato al caffè?

_____

6. Cosa hai detto?

_____

B. Rispondi che non l'hai mai fatto! Your roommate is accusing you of being forgetful. Defend yourself by saying you never did the things you're accused of doing.

> *Esempio* Tu dimentichi sempre le chiavi!
> *(Io) non ho mai dimenticato le chiavi!*

1. Tu lasci sempre la porta aperta!

    _____

2. Tu perdi sempre le chiavi di casa!

    _____

3. Tu fai delle telefonate di un'ora!

    _____

4. Tu chiudi fuori il gatto!

    _____

5. Tu paghi il conto del telefono in ritardo!

    _____

Comprensione

🎧 CD5, TRACK 5

A. Usiamo *nessuno*. Answer each question in the negative using **nessuno.** Then repeat the response after the speaker.

> *Esempio* Ha telefonato qualcuno?
> *Non ha telefonato nessuno.*

1. _____
2. _____
3. _____
4. _____
5. _____

🎧 CD5, TRACK 6

B. Usiamo *niente*. Lisa wants to know what you did during your vacation, but unfortunately you did nothing. Answer each question in the negative. Then repeat the response after the speaker.

> *Esempio* Hai fatto qualcosa?
> *Non ho fatto niente.*

1. _____
2. _____
3. _____
4. _____

3 Il gerundio e la forma progressiva

Pratica

A. Usiamo *stare* **+ il gerundio.** Write a sentence using **stare** plus the gerund of the verb in parentheses.

> *Esempio*　　(mangiare/io)
> *Sto mangiando.*

1. (recitare/noi)

   _____

2. (fare la spesa/voi)

   _____

3. (dire la verità/Franco)

   _____

4. (bere un caffè/io)

   _____

5. (andare alla stazione/noi)

   _____

6. (venire dall'ufficio/tu)

   _____

7. (mettere in ordine la camera/loro)

   _____

B. Impariamo a scrivere frasi al passato. Write sentences using **stare** plus the gerund, according to the example.

> *Esempio*　　(mentre noi / camminare, abbiamo visto Diana)
> *Mentre noi stavamo camminando, abbiamo visto Diana.*

1. mentre voi / prendere un caffè, è arrivato Paolo

   _____

2. quando noi / uscire, si è messo a piovere

   _____

3. mentre io / ascoltare il telegiornale, Mimmo ha telefonato

   _____

4. poiché loro / mangiare, non siamo entrati

   _____

5. mentre l'attore / entrare in scena, è caduto

   _____

C. Usiamo l'infinito. Replace the underlined words with the corresponding infinitive.

    Esempio   <u>Il riposo</u> è necessario.
                     Riposare è necessario.

1. <u>Lo studio</u> è utile.

_____

2. <u>Il gioco</u> è piacevole.

_____

3. <u>Il fumo</u> fa male alla salute.

_____

4. <u>Il lavoro</u> stanca.

_____

5. <u>Il nuoto</u> sviluppa i muscoli.

_____

D. L'infinito o il gerundio? Complete each sentence, choosing between the gerund and the infinitive.

1. *(walking)* _____ per la strada, abbiamo incontrato Marco.

2. *(walking)* _____ fa bene alla salute.

3. *(reading)* _____ io ho imparato molte cose utili.

4. *(reading)* _____ è utile e istruttivo.

5. *(thinking)* _____ a mio padre, ho pensato a molti momenti felici.

6. *(thinking)* _____ nobilita lo spirito.

7. *(running)* _____, sono caduto.

8. *(running)* _____ rinforza i muscoli.

9. *(living)* _____, s'imparano molte cose.

10. *(living)* _____ in questa città è molto costoso.

Comprensione

🎧 CD5, TRACK 7

A. Che cosa stanno facendo i familiari di Anna? Anna is indicating what everyone in her family is doing on a Saturday evening. Listen to her statements and write down the verbs in the **presente progressivo** that you hear. After your list is complete, write beside each verb the corresponding present tense form. Each of Anna's statements will be repeated twice.

    Esempio   You hear: La nonna sta preparando la torta per domani.
                     You write: sta preparando, prepara

1. _____   **4.** _____

2. _____   **5.** _____

3. _____   **6.** _____

B. I consigli del padre. A father is giving his son some advice. Listen to the model sentence. Then form a new sentence by substituting the verb given. Repeat the response after the speaker.

> *Esempio*   Sbagliando, s'impara. (studiare)
> *Studiando, s'impara.*

1. _____

2. _____

3. _____

4. _____

5. _____

6. _____

7. _____

CD5, TRACK 9

C. Hai troppo da fare e non puoi uscire. Paola wants to know if you can go out with her, but you can't go because you're too busy. Form a sentence using the gerund of the verb given. Then repeat after the speaker.

> *Esempio*   Sto mangiando. (studiare)
> *Sto studiando.*

1. _____

2. _____

3. _____

4. _____

5. _____

4 Plurali irregolari

Pratica

Alcuni plurali irregolari. Complete each sentence by supplying the plural of the word(s) in parentheses. Remember to use the definite article when necessary.

> *Esempio*   You read: (programma) Stasera guardo _____ alla TV.
> You write: *Stasera guardo i programmi alla TV.*

1. (cuoco) _____ sono occupati in cucina.

2. (telegramma) Hai mandato _____ agli amici?

3. (poeta) Dante e Petrarca sono due grandi _____ .

4. (ginocchio) Mi fanno male _____ .

5. (problema) Purtroppo abbiamo molti _____ .

6. (arancia) _____ che hai comprato sono buone.

7. (albergo) Quale di questi due _____ preferisci?

8. (farmacia) Oggi _____ sono chiuse.

9. (zio, ottimista) _____ di Marisa sono _____ .

10. (medico, simpatico) Ho conosciuto due _____ .

Comprensione

CD5, TRACK 10

A. Formiamo il plurale. Give the plural of each phrase. Then repeat after the speaker.

Esempio   il programma televisivo
              i programmi televisivi

1. _____
2. _____
3. _____
4. _____
5. _____
6. _____

CD5, TRACK 11

B. Formiamo il singolare. Give the singular of each phrase. Then repeat after the speaker.

Esempio   i bravi dentisti
              il bravo dentista

1. _____
2. _____
3. _____
4. _____
5. _____
6. _____

Ascoltiamo!

CD5, TRACK 12

Dettato: La famiglia di Elisabetta è molto sportiva. Listen as Elisabetta describes her family's sports preferences. You will hear her description the first time at normal speed, a second time more slowly so that you can supply the missing words, and a third time so that you can check your work. Feel free to repeat the process several times if necessary.

Mio padre non pratica _____ sport ma ogni domenica guarda la

_____ di _____ alla tv. Alla mia mamma piace giocare a

_____ con le amiche e qualche volta pratica l'_____ con me

nel parco. Mio fratello Paolo è un grande _____ , gioca a _____

tutti i sabati e pratica l'_____ due volte alla settimana. Mio fratello maggiore Lorenzo

ama gli _____ pericolosi e preferisce fare l'_____ in montagna

e poi scendere usando una specie di paracadute; questo sport è chiamato _____ .

La mia sorellina Marta gioca a _____ il sabato, io invece pratico il

_____ , non è uno _____ tipico per le donne ma è uno sport

molto _____ in Europa.

B. Qual è il migliore sport? Antonio and his friend Marcello are discussing the advantages and disadvantages of soccer, baseball, and basketball. Listen to their conversation, which will be repeated twice, then answer the following questions.

1. Qual è lo sport preferito di Antonio?

   _____

2. Chi può giocare a calcio e dove?

   _____

3. Che cosa è sufficiente per giocare a calcio?

   _____

4. In quali posti si può giocare a calcio?

   _____

5. Che sport preferisce Marcello?

   _____

6. Com'è il baseball?

   _____

7. Che cosa è necessario fare per giocare bene a baseball?

   _____

8. Qual è un altro sport molto popolare in Italia?

   _____

9. Dove si trovano i campi di basket?

   _____

10. Dove si gioca il basket d'inverno?

    _____

Adesso scriviamo!

A. Un'intervista sportiva. You have to write a report for your fitness course about local young people's sports preferences. Interview one of your classmates and take notes so that you can include the information in your report.

Begin by asking your classmate to answer the following questions.

1. Qual è il tuo sport preferito? Da quanto tempo pratichi o segui questo sport?
2. Perché ti piace questo sport?
3. Quanto spesso lo pratichi o guardi?
4. È popolare nel tuo paese? Se non è popolare, quali sport lo sono?

Now write three paragraphs about young people's sport preferences where you live.

1. Your first paragraph can be an introduction. Indicate whether or not sports are important generally where you live and provide some specific examples.

   Lo sport è molto importante nella mia città, Phoenix. Ci sono molte squadre di baseball famose come i Diamondbacks in baseball.

2. Include in a second paragraph the information you gathered in questions 1–3 above, when you interviewed your classmate.

   Lo sport preferito di... è l'hockey. Gioca nella squadra della mia scuola e segue le partite dei Coyotes...

3. In your concluding paragraph, tell what you learned regarding the fourth question. Is your friend's favorite sport popular in your area? Why, or why not? If not, what sports are popular?

   Lo sport dell'hockey è molto popolare in Arizona anche se fa molto caldo. Altri sport popolari sono...

B. Come si dice in italiano?

1. Paul is a student at the University of . . . , which is one of the best universities on the West Coast.

2. He is also a football player who plays on **(in)** the school team.

3. Today he is in the cafeteria **(mensa)**.

4. John, the friend with whom he is speaking, is a basketball player.

5. Someone said that he is so good that one day he will certainly take part in the Olympic games.

6. Today he needs to talk to Paul because he wants to ask him for yesterday's notes.

7. But Paul didn't go to class.

8. John, did you do anything interesting yesterday?

9. No, I didn't do anything interesting. I practiced for a few hours in the gym. And you?

10. I was supposed to meet my coach and some other players at the stadium, but no one was there.

11. Will you come tomorrow to see the game?

12. I don't know yet what I will do. I hope to be able to come. Anyhow **(Comunque)**, good luck!

   Olympic games   giochi olimpici

Attualità: La Vespa

A. Prima di leggere. You are about to read a brief history of the popular Italian motor scooter, the Vespa, on the next page. The Vespa, more than just a practical and accessible mean of transportation, has become the symbol of an era, and have enjoyed widespread popularity. While you read, focus on the characteristics of the Vespa that have contributed to its immediate and lasting appeal.

La Vespa

La Vespa, nata nel 1946 negli stabilimenti di Enrico Piaggio, era molto di più di uno scooter: era un'idea nuova, un modo di vivere indipendente ed economico.

I primi esemplari uscirono quando l'Italia, devastata dalla guerra, aveva bisogno di ritrovare la voglia di ricominciare, e la Vespa, chiamata così per la sua forma simile al corpo di una vespa *(wasp)*, rappresentava il simbolo di un nuovo inizio: era un po' lenta, ma economica, efficiente, pratica, e con un futuro sicuro.

Con il funzionamento inadeguato dei mezzi di trasporto, la Vespa era il mezzo ideale: leggera, facilmente manovrabile, poco ingombrante, ideale sia per la città che per le escursioni domenicali.

Verso la fine degli anni cinquanta la Vespa aveva conquistato i mercati europei: Germania, Inghilterra, Francia, ed altri, per il suo stile semplice ed elegante e la sua praticità.

La Vespa ha cambiato aspetto molte volte, ma ha conservato la sua identità ed il suo modo di essere «contemporanea»; continua ancora oggi a rappresentare per i giovani l'idea dell'indipendenza, offrendo loro un mezzo di trasporto pratico ed economico. Per gli anziani la Vespa fa parte dei ricordi della loro gioventù; per i giovani la Vespa rappresenta la continuazione di una tradizione e di un modo di vivere che li fa sentire indipendenti, proprio come si sentivano i loro nonni nel lontano 1946.

B. Alla lettura. Read the short paragraph one more time and answer the following questions.

1. Quando è nata la Vespa? _____

2. Perché era molto più di uno scooter? _____

3. Quando sono usciti i primi esemplari? _____

4. Perché si chiama Vespa? _____

5. Perché era il mezzo ideale? _____

6. Quali altri mercati ha conquistato? _____

7. Cosa rappresenta per gli anziani? _____

8. Cosa rappresenta per i giovani? _____

Le arti e il teatro 14

Parole da ricordare: Le arti e il teatro

A. I verbi dell'arte. Complete the following sentences choosing the correct verb from the list and making all the necessary changes: **dipingere, scolpire, comporre, recitare, applaudire, fischiare.**

1. Michelangelo _____ il «Davide».

2. Leonardo _____ la «Gioconda».

3. Giuseppe Verdi _____ il «Nabucco».

4. Un attore _____ una parte.

5. Il pubblico _____ una brava attrice.

6. Il pubblico _____ un brutto spettacolo.

B. 1. Un quiz. Come si definiscono i quadri che rappresentano:

   a. della frutta su un tavolo _____

   b. il mare _____

   c. una persona _____

   d. degli alberi fioriti in campagna _____

2. A che genere di musica appartengono:

   a. Rigoletto _____

   b. le canzoni moderne _____

   c. Le quattro stagioni di Vivaldi _____

La grammatica

1 Il congiuntivo presente

Pratica

A. Impariamo il congiuntivo. Change the underlined verb according to each subject in parentheses.

1. La mamma vuole che io <u>scriva</u> una lettera. (tu, noi, i ragazzi, Pietro)

_____

2. Il professore desidera che noi <u>finiamo</u> i compiti. (tu, Giacomo, tu e Pietro, noi)

_____

3. Non credo che Marco <u>parta</u>. (tu, noi, i miei amici, voi)

_____

4. Il professore spera che tu <u>parli</u> italiano. (noi, i suoi studenti, sua figlia, tu e Pietro)

_____

B. Il congiuntivo è necessario. Respond to each statement in the affirmative or negative, using the cue in parentheses and following the example.

Esempio   Voglio fare l'infermiere. (necessario / prendere una laurea)
Non è necessario che tu prenda una laurea.

1. Mio cugino vuole essere indipendente. (importante / lavorare)

_____

2. Voglio incominciare a lavorare. (necessario / finire gli studi)

_____

3. Voi volete dimagrire. (indispensabile / mangiare di meno)

_____

4. La nonna vuole guarire. (importante / prendere le medicine)

_____

5. La ragazza vuole dimenticare. (ora / divertirsi)

_____

6. Gli studenti vogliono imparare. (meglio / studiare)

_____

C. Esprimiamo opinioni. Respond to each statement by using **Sono contento(a) che...** or **Mi dispiace che...**

Esempio   Domani vengono i nostri parenti.
Sono contento(a) che domani vengano i nostri parenti.

1. La disoccupazione è alta.

_____

2. La pizza ha molte calorie.

_____

3. L'America vuole aiutare i paesi poveri.

_____

4. I miei genitori vanno in vacanza.

_____

5. Mio nonno non può fare una passeggiata ogni giorno.

_____

6. Tu stai sempre a casa solo(a).

_____

D. Impariamo le congiunzioni con il congiuntivo. Rewrite each sentence, using the cue in parentheses and **purché** + the subjunctive, as in the example.

Esempio   Ti presterò il libro. (restituirmelo subito)
Ti presterò il libro purché tu me lo restituisca subito.

1. Ti aspetterò. (arrivare in orario)

   _____

2. Andrò all'opera. (il biglietto, non costare troppo)

   _____

3. Ti porterò alla mostra d'arte. (averne il tempo)

   _____

4. Imparerò a dipingere. (trovare un bravo insegnante)

   _____

5. Ti farò il ritratto. (tu, darmi un po' di tempo)

   _____

6. Andrò al concerto. (qualcuno / accompagnarmi)

   _____

CD5, TRACK 14

A. Cambiamo il soggetto. Listen to the model sentence. Then form a new sentence by substituting the noun or pronoun given. Repeat the response after the speaker.

1. Esempio   Voglio che tu parta. (lei)
Voglio che lei parta.

1. _____
2. _____
3. _____
4. _____
5. _____

2. Esempio   Sperano che tu ti diverta. (noi)
Sperano che noi ci divertiamo.

1. _____
2. _____
3. _____
4. _____
5. _____
6. _____

🎧 CD5, TRACK 15

B. Cambiamo di nuovo il soggetto. Listen to the model sentence. Then form a new sentence by substituting the noun or pronoun given. Repeat the response after the speaker.

> *Esempio*   Bisogna che tu studi di più. (io)
> *Bisogna che io studi di più.*

1. _____   4. _____

2. _____   5. _____

3. _____   6. _____

🎧 CD5, TRACK 16

C. Ripetiamo l'uso delle congiunzioni *purché* **e** *benché*. Listen to the model sentence. Then form a new sentence by substituting the noun or pronoun given and making all necessary changes. Repeat the response after the speaker.

> *Esempio*   Noi verremo stasera purché siamo liberi. (tu)
> *Tu verrai stasera purché sia libero.*

1. _____

2. _____

3. _____

4. _____

2 Il congiuntivo passato

Pratica

A. Ho paura che... Claudio went skiing for the day, but it's midnight and he still hasn't returned. Describe his mother's fears of what may have happened, starting each sentence with **Ho paura che** and changing the verb to the present perfect subjunctive.

> *Esempio*   Forse ha avuto un incidente.
> *Ho paura che abbia avuto un incidente.*

1. Forse ha perso la strada.

   _____

2. Forse ha avuto dei problemi con la macchina.

   _____

3. Probabilmente ha accompagnato a casa gli amici.

   _____

4. Forse hanno bloccato la strada per la neve.

   _____

5. Forse è caduto dagli sci.

   _____

6. Forse si è rotto una gamba.

   _____

7. Forse è andato all'ospedale.

   _____

B. Impariamo il congiuntivo passato. React to each statement, completing your sentence as in the example.

Esempio   La conferenza sull'ecologia è stata un successo.
                Sì, credo che la conferenza sull'ecologia sia stata un successo.

1. I miei genitori hanno deciso di abitare in campagna.

     Sono contento(a) che _____ .

2. Molta gente ha incominciato a riciclare.

     Sì, credo che _____ .

3. Tutti i giovani hanno capito che l'inquinamento è un problema serio.

     Dubito che _____ .

4. Ho abbandonato gli studi in medicina.

     Mi dispiace che _____ .

5. L'effetto serra è aumentato.

     Sì, ho paura che _____ .

Comprensione

CD5, TRACK 17

Pratichiamo il congiuntivo passato. Listen to the model sentence. Then form a new sentence by substituting the noun or pronoun given and making all necessary changes. Repeat the response after the speaker.

1. Esempio   Mia madre spera che tu non abbia visto quel film. (noi)
                 Mia madre spera che noi non abbiamo visto quel film.

1. _____

2. _____

3. _____

4. _____

2. Esempio   Mimmo non crede che Lucia sia uscita. (io)
                 Mimmo non crede che io sia uscito.

1. _____

2. _____

3. _____

4. _____

3 L'imperfetto del congiuntivo

Pratica

A. Volevo che… Lisa gave a party, but her friends failed to do what she wanted them to do.

Esempio   (Marisa / portare una torta)
Volevo che Marisa portasse una torta.

1. (Pio e Lina / comprare il gelato)

   _____

2. (Pietro / invitare suo cugino)

   _____

3. (tu / mandare gli inviti)

   _____

4. (mio fratello / bere di meno)

   _____

5. (voi / stare più a lungo)

   _____

6. (Teresa / essere gentile)

   _____

B. Bisognava che… We should have done the following things, and now it is too late.

Esempio   (tu / comprare i biglietti per l'opera)
Bisognava che tu comprassi i biglietti per l'opera.

1. (mio padre / prestarmi i soldi)

   _____

2. (io / trovare i biglietti a metà prezzo)

   _____

3. (noi / andare a vedere il Nabucco a New York)

   _____

4. (tu / venire all mostra con me ieri)

   _____

5. (i miei genitori / avere i soldi per comprare quel bel quadro)

   _____

C. Completiamo le frasi subordinate. Change the infinitive to the present subjunctive or the imperfect subjunctive accordingly.

1. Andrò al concerto all'aperto benché (piovere) _____ .

2. Siamo partite benché (fare brutto tempo) _____ .

3. È necessario che tu (guadagnare) _____ di più.

4. Era necessario che gli attori (recitare) _____ meglio.

5. Non è possibile che (non piacerti) _____ i quadri di Modigliani.

6. Telefonerò a Carlo prima che lui (partire) _____ .

7. Ti presto i miei acquerelli (*watercolors*) purché tu (restituirmeli) _____ .

8. Preferirei che tu (stare) _____ a casa.

9. Ti telefonerò a meno che tu non (uscire) _____ .

10. Era meglio che tu (comprare) _____ un quadro astratto.

Comprensione

CD5, TRACK 18

A. Pratichiamo il congiuntivo imperfetto. Listen to the model sentence. Then form a new sentence by substituting the noun or pronoun given. Repeat the response after the speaker.

1. Esempio   Pensavano che io comprassi una Ferrari. (tu)
                  Pensavano che tu comprassi una Ferrari.

1. _____

2. _____

3. _____

4. _____

5. _____

2. Esempio   Vorrebbero che io facessi un viaggio. (tu)
                  Vorrebbero che tu facessi un viaggio.

1. _____

2. _____

3. _____

4. _____

4 Il trapassato del congiuntivo

Pratica

A. Impariamo il trapassato del congiuntivo. Form a sentence using the pluperfect subjunctive as in the example.

Esempio   (speravamo / loro scrivere)
              Speravamo che loro avessero scritto.

1. (speravo / tu leggere le novelle del Boccaccio

   _____

2. (dubitavo il critico / capire l'autore)

   _____

3. (era necessario / voi / dire qualcosa)

   _____

4. (era meglio / noi / andare al concerto)

   _____

5. (non sapevo / tu / ricevere un premio)

   _____

6. (avevo paura / loro / vendere tutti i biglietti per l'opera)

   _____

B. Impariamo la frase ipotetica. Complete each sentence with the correct form of the verb in parentheses.

Esempio   You read: Se io (avere) _____ la macchina,
              (fare) _____ un viaggio.
              You write: Se io avessi la macchina, farei un viaggio.

1. Se io (essere) _____ milionario(a), (comprare) _____ una casa.

2. Se io (abitare) _____ in Italia, (andare) _____ in vacanza ogni anno.

3. Se io non (sapere) _____ guidare, (imparare) _____ .

4. Se io non (dovere) _____ lavorare, mi (divertire) _____ tutto il giorno.

5. Se io (potere) _____ dipingere, (dipingere) _____ una natura morta.

6. Se io (avere) _____ due mesi di vacanza, (andare) _____ in Oriente.

7. Se io (avere) _____ un Picasso autentico, lo (vendere) _____ .

Comprensione

🎧 CD5, TRACK 19

A. Pratichiamo il congiuntivo trapassato. Listen to the model sentence. Then form a new sentence by substituting the noun or pronoun given. Repeat the response after the speaker.

Esempio   You hear: Credevano che io avessi scritto. (tu)
              You say: Credevano che tu avessi scritto.

1. _____
2. _____
3. _____
4. _____
5. _____

🎧 CD5, TRACK 20

B. Gino pensava che anche gli altri fossero arrivati. Gino thought that the following people had arrived in his city. Re-create his statements, substituting the noun or pronoun given, as in the example. Then repeat the response after the speaker.

Esempio   You hear: Pensavo che tu fossi arrivato. (Franco)
              You say: Pensavo che Franco fosse arrivato.

1. _____
2. _____
3. _____
4. _____

Ascoltiamo!

🎧 CD5, TRACK 21

A. Dettato: Andiamo a teatro. Listen as Gabriella describes to Filippo a play, "Il re cervo" ("The King Stag"), by Carlo Gozzi (1720–1806). Her description will be read the first time at normal speed, a second time more slowly so that you can supply the missing verbs, and a third time so that you can check your work. Feel free to repeat the process several times if necessary.

Penso che «Il re cervo» _____ una commedia molto interessante. Vorrei che

_____ a vederla domani sera. Penso che _____ rappre-

sentata al teatro Olimpico. È una fiaba *(fable)* con personaggi buoni e cattivi. Alla fine mi sembra che

_____ una morale. Ma è anche una commedia romantica perché

_____ il matrimonio del re *(king)* con la figlia del suo ministro. È meglio che

_____ presto i biglietti prima che _____ . Mi piacerebbe

che tu li _____ per la rappresentazione di venerdì sera. Pensi di

_____ andare oggi pomeriggio a comprarli? Vorrei che tu ne

_____ quattro. Pensavo di _____ anche a Paolo e

Francesca di venire a teatro con noi. Sarà divertente, ho sentito che questa compagnia teatrale

_____ molto originale e che i costumi _____ come

quelli della commedia dell'arte.

B. Dopo la commedia. Filippo and Gabriella just went to see the play "Il re cervo" ("The King Stag"). The play, first staged in 1762, is a combination of **commedia dell'arte,** puppet theater, and political satire. Listen as they discuss the play and then complete the following sentences.

1. A Filippo è piaciuta la commedia perché…

_____

2. Gabriella pensa che gli attori siano…

_____

3. Filippo crede che i costumi…

_____

4. Gabriella pensa che l'attore più bravo…

_____

5. A Filippo è piaciuta molto la parte del… perché…

_____

6. Questa commedia non è facile da interpretare perché…

_____

7. È una bella storia perché…

_____

8. Ci sono anche…

_____

9. Gabriella pensa che sia interessante per…

_____

10. C'è una morale alla fine come…

_____

11. Il cattivo… e i buoni…

_____

Domanda personale

Ti piacerebbe vedere «Il re cervo»? Perché sì o perché no?

_____

_____

_____

Adesso scriviamo!

A. Una rappresentazione artistica. You have been to an artistic event (an opera, a concert, or a play). Write about this event. Begin by considering the following questions.

1. Dove ha avuto luogo questa rappresentazione artistica?

2. Era un'opera, un concerto, una commedia, o… ?

3. Chi erano gli attori, i cantanti o i musicisti?

4. Con chi sei andato(a) a questa rappresentazione?

5. Che cosa ti è piaciuto di questa rappresentazione?

6. La raccomanderesti ai tuoi amici?

Now organize your answers in three or four paragraphs. Begin with: L'anno scorso (il mese scorso, or . . .) sono andato(a) a vedere…

B. Come si dice in italiano?

1. One day a friend told Michelangelo: "Too bad you did not marry. If you had married, you would have had children and you would have left them your masterpieces". The great sculptor answered: " I have the most beautiful wife. My children are the works of art I will leave; if they are great, I will live for a long time."

2. While Michelangelo was painting *The Last Judgment (Il Giudizio Universale)*, a cardinal (**cardinale**) bothered him (**gli dava fastidio**) every day. Michelangelo got angry at (**con**) the cardinal and, since he was painting hell, decided to put him there. The cardinal went to the pope to complain, but the pope answered him: "If you were in purgatory (**purgatorio**), I could do something for you, but no one can free (**liberare**) you from hell." Whoever (**Chi**) looks at *The Last Judgment* can see the portrait of the cardinal in the left corner (**nell'angolo di sinistra**).

works of art	opere d'arte
since	poiché
hell	l'inferno
to complain	lamentarsi

Attualità: La Commedia dell'Arte

La Commedia dell'Arte nacque *(was originated)* in Italia nel Cinquecento. Nacque dall'arte degli attori che improvvisavano le scene di una commedia basandosi su una trama, lo scenario. Alcuni attori si specializzarono in una parte creando un personaggio particolare e riconoscibile dai **gesti** *(gestures)* e dalle espressioni. Questi personaggi si presentavano al pubblico con la loro maschera e il loro costume.

Così nacquero le maschere, che vengono da ogni regione d'Italia. Da Venezia viene Pantalone, un vecchio mercante avaro. Dal Veneto viene anche Colombina, una **servetta** *(young maid)* astuta e impertinente. Il Dottore, erudito e pedante, viene da Bologna, la città universitaria. Pulcinella è la maschera che viene da Napoli: è brutto e amante del vino e delle donne. Arlecchino è una maschera che si riconosce facilmente per il suo costume variopinto.

La Commedia dell'Arte ottenne un grande successo in tutta l'Europa.

Nel Settecento il commediografo Carlo Goldoni riformò la Commedia dell'Arte, e le sue commedie sono rappresentate ancora oggi.

Ogni anno, le maschere ritornano durante il carnevale, per la gioia dei grandi e dei bambini.

Alla lettura

1. Dove e quando è nata le Commedia dell'Arte?
2. Che cosa hanno creato alcuni attori?
3. Come si presentavano al pubblico?
4. Com'è Pantalone e da dove viene? E Colombina?
5. Qual è la maschera che si riconosce più facilmente? Perché?
6. Chi era Carlo Goldoni? Cosa fece per la Commedia dell'Arte?
7. Quando ritornano le maschere?

Le maschere italiane: 1. **Pulcinella**   2. **Pantalone**   3. **Colombina**   4. **Arlecchino**   5. **Il Dottore**